Plötzlich 1 Million Follower

BERTRAM & SCHULMEYER

Plötzlich 1 Million Follower

ISBN 978-3-96129-150-2

Edel Kids Books
Ein Verlag der Edel Verlagsgruppe
© Edel Verlagsgruppe GmbH,
Kaiserstraße 14 a, 80801 München
www.edel.com

2. Auflage 2022

Text: Rüdiger Bertram
Illustrationen: Heribert Schulmeyer
Lektorat: Lisa Blaser
Umschlaggestaltung (unter Verwendung von Illustrationen von
© Heribert Schulmeyer), Layout und Satz: Büro 18, Friedberg (Bay.)
Herstellung: Frank Jansen
Druck und Bindung: GGP Media GmbH, Pößneck

Printed in Germany

Für Johanna, June, Lilith und Tim

1.
Das Banana-Split-Date

Einige von euch wissen es vielleicht schon: Ich habe ein Problem mit Türen. Wenn ich die öffne und da durchgehe, kann es sein, dass ich ganz woanders lande.

Und wenn ich „ganz woanders" sage, dann meine ich nicht, dass ich die Badezimmertür mit der Küchentür verwechsele und plötzlich im falschen Zimmer stehe. „Ganz woanders" meint auch „ganz woanders".

Normalerweise vermeide ich es deswegen, irgendwelche Türen zu öffnen. Aber manchmal geht das einfach nicht. Zum Beispiel, wenn ich dringend auf die Toilette muss. Gar nicht lange her, da habe ich eine Klotür in unserer Schule aufgemacht und stand auf einmal in der Eingangshalle einer protzigen Villa. Und ich war da nicht als Diener oder Pizzabote gelandet, sondern ich war der Sohn des Multimilliardärs, dem die Villa gehörte. Das war schon nicht schlecht, weil ich auf einmal Geld ohne Ende hatte. Das habe ich natürlich nicht nur für mich ausgegeben, sondern auch an Leute verschenkt, die es nötiger hatten als ich. Irgendwann habe ich Trottel dann versehentlich eine andere Tür geöffnet und war wieder auf unserem Schulklo, wo alles begonnen hatte.

Ihr müsst euch das wie Paralleluniversen vorstellen. Manche Wissenschaftler glauben, dass neben unserer Welt ganz, ganz viele andere Welten existieren, in denen wir zwar wir sind, aber ein komplett anderes Leben führen. Eigentlich ist es unmöglich, zwischen den Paralleluniversen hin und her zu wechseln.

Betonung auf eigentlich, denn ich habe halt die Fähig-
keit, es trotzdem zu können. Einfach indem ich eine Tür
öffne, da durchgehe und plötzlich ganz woanders bin
und ein komplett neues Leben führe.
Das klingt jetzt vielleicht toll, aufregend und spannend.
Vergesst es.
In Wirklichkeit ist es total beschissen. Die meisten
meiner Tür-Reisen bringen mich nämlich irgendwohin,
wo ich gar nicht hinwill. Meine kurze Zeit als stinkrei-
cher Milliardärssohn war eine der wenigen Ausnahmen,
und selbst da hatte ich jede Menge Ärger am Hals.
In der Regel lande ich eher da, wo es richtig wehtut:
als Sklave bei den alten Ägyptern, als Schiffsjunge auf

einem Piratenschiff mitten in einer Seeschlacht oder – noch schlimmer – als junger Fußballprofi in der Umkleide von Bayern München.

Deswegen vermeide ich es, Türen zu öffnen. Bei mir zu Hause sorge ich dafür, dass ich die alle immer nur anlehne oder gleich ganz offen lasse, sodass ich sie mit der Schulter aufstoßen kann, ohne die Klinke berühren zu müssen. Das klappt ganz gut, auch wenn mich meine Eltern für völlig bekloppt halten.

Aber das ist mir egal, Hauptsache, mir bleiben diese nervigen Tür-Reisen erspart.

Vor allem heute, weil ich am Nachmittag etwas ganz Großartiges vorhabe. Ich gehe nämlich Eis essen.

Okay, das hört sich jetzt vielleicht nicht so spektakulär an. Aber ich gehe nicht alleine, sondern mit Miriam.

Ich habe sie gefragt, ob ich sie zu einem Banana-Split einladen darf, und sie hat gesagt:

Und „GERNE" hat sie auch gesagt.

Und dabei hat sie sogar die ganze Zeit GELÄCHELT.

Da ist es ja nur verständlich, dass ich gerade so überhaupt keine Lust habe, dieses Universum gegen ein anderes zu tauschen, und um geschlossene Türen lieber einen riesigen Bogen mache. Miriam ist nämlich mit Abstand das schönste Mädchen an unserer Schule, und klug ist sie auch, was eigentlich sogar noch wichtiger ist. Vor allem, wenn man zusammen alt werden möchte. Heiraten, Kinder kriegen, Enkel, das ganze Programm.

Stopp, stopp, stopp! Ganz ruhig, Brauner.
Nichts überstürzen. Eins nach dem anderen. Erst mal
gemeinsam Eis essen, dann sehen wir weiter.
Komm ich euch irgendwie nervös vor?
Völlig durcheinander?
Komplett verpeilt?
Dachte ich mir, bin ich nämlich auch. Es ist mein
erstes Date überhaupt, und dann gleich mit so einem
Traummädchen wie Miriam. Dass sich ein Mäd-
chen wie sie überhaupt für mich interessiert, ist so

unwahrscheinlich, als wenn ich bei einer meiner Tür-Reisen plötzlich auf der ISS Raumstation landen würde. Je länger ich darüber nachdenke, desto mehr glaube ich, dass das mit dem Date alles nur ein Fake ist. Ganz bestimmt sitzt Miriam mit ihren Freundinnen jetzt irgendwo und lacht sich halb tot, weil ich wirklich geglaubt habe, dass sie mit mir ausgehen würde.

Das ist die Türglocke. Für Miriam ist es noch viel zu früh. Außerdem sind wir ja direkt in der Eisdiele verabredet. Und da wird sie ja sowieso niemals auftauchen, weil das alles ganz bestimmt nur ein schlechter Witz auf meine Kosten war.

„Gehst du mal zur Tür, Leo?", ruft mein Vater aus der Küche.

„Kann grade nicht", rufe ich, weil ich nicht vorhabe, in den nächsten Stunden eine Tür zu öffnen. „Bin auf dem Klo."

Ich höre meinen Vater leise fluchen, weil er mit dem Abendessen beschäftigt ist und das immer sehr, sehr ernst nimmt, obwohl es dann doch immer nur Nudeln mit Soße gibt. Meine kleine Schwester und meine Mutter sind unterwegs, und deswegen bleibt ihm gar nichts anderes übrig, als zur Tür zu gehen und zu öffnen.

„Ist für dich!", brüllt er.

„Ich komme gleich." Ich schaue schnell in den Spiegel und kontrolliere, ob ich halbwegs vorzeigbar aussehe. Vielleicht war das mit dem Date ja doch kein Witz, und Miriam ist ganz spontan auf die Idee gekommen, mich abzuholen. Zuzutrauen wäre es ihr. Zum Glück bin ich schon umgezogen und habe mein bestes Hemd und meine beste Jeans an. Im Spiegel entdecke ich einen Pickel, der vor fünf Minuten noch nicht da war. Egal, also nicht egal, sondern ganz schrecklich, aber ändern kann ich das jetzt sowieso nicht mehr. Ich

spucke in die
Hände und fahre
mir einmal durch
die Haare,
damit die
nicht so
wild
abstehen.

„Kommst du, Leo? Du hast Besuch", ruft mein Vater,
und ich horche, ob ich da einen ironischen Unterton
raushören kann, weil da unten ein Mädchen auf mich
wartet. Fehlanzeige, und das rechne ich meinem Vater
hoch an.

Ich drücke die angelehnte Tür mit meinem Ellenbogen
auf und laufe die Treppe runter. Eigentlich hatte ich mir
vorgenommen, die betont lässig hinunterzuschlendern
und Miriam mit einem coolen „Hey, schon da?" zu
begrüßen.

Aber das klappt nicht, weil ich so aufgeregt bin. Ich
renne die Treppe hinunter, gerate ins Stolpern und
rutsche die letzten Stufen auf dem Po hinunter.

Es ist aber gar nicht Miriam, die geklingelt hat. Es ist mein bester Freund Masud, der am Ende der Treppe auf mich wartet.

„Und so schick heute?", fragt er und hält die Nase in die Luft. „Sag mal, du Mülltonne, hast du etwa ein Deo benutzt? Hier riecht es extremst nach Stinktier de luxe."

Ich werde knallrot, weil ich tatsächlich eines benutzt habe. Allerdings stand auf der Dose irgendwas von Karibik drauf und kein Wort von einem Stinktier.

„Nee, habe ich nicht, du Nasenbär. Natürlich nicht,

was denkst du denn?!", schwindele ich. „Das ist nur so ein Raumspray von meinen Eltern."

„Puh, die kannst du wegen Kindesmisshandlung verklagen." Masud hält sich die Nase zu, was ich etwas übertrieben finde. So schlimm ist der Geruch auch wieder nicht.

„Was willst du, du Schauspieler? Mach schnell, ich habe keine Zeit."

„Ich dachte, wir zocken heute Nachmittag ein bisschen was am Computer." Masud hält eine Tüte in die Höhe. „Habe sogar Cola und Chips mitgebracht, als Entschädigung, weil du sowieso verlierst."

„Gute Idee, aber ich habe keine Zeit. Leider."

Ich suche nach einer guten Ausrede, weil ich Masud unmöglich sagen kann, dass ich mit Miriam verabredet bin. Der würde sich nur über mich lustig machen.

Aber die Ausrede kann ich mir sparen, Masud und ich kennen uns schon ewig, und deswegen weiß er auch so, was Sache ist.

„Du hast endlich ein Date mit Miriam! Ich fasse es nicht", ruft Masud und schlägt mir auf die Schultern.

„Wow, am besten ich komme mit, damit du es nicht versaust und die ganze Zeit nur rumstotterst. Ich kann dir tolle Tipps geben."

„Spinnst du?!"

„Ich mein es ernst! Ich bin dein Freund!", beharrt Masud. „Ich hocke mich einfach an den Nebentisch, halt mir eine Zeitung vors Gesicht und flüstere dir vor, was du sagen sollst. Sonst wird das nie was mit dir und Miriam."

„Kommt gar nicht infrage, das schaffe ich auch alleine." Ich schaue unauffällig auf die Uhr. Wenn ich zu meinem Date nicht zu spät kommen möchte, muss ich Masud loswerden. Schnell.

„Was ist denn da draußen los?“, ruft mein Vater aus der Küche.

„Wussten Sie schon, dass Leo heute sein erstes …“, ruft Masud zurück.

Ich kann ihm gerade noch den Mund zuhalten, sonst hätte er alles ausgeplaudert, und dann hätte ich mir heute Abend ganz sicher ganz viele wohlmeinende Fragen anhören dürfen.

Wie es denn gewesen ist?

Wann ich sie denn mal mit nach Hause bringen würde?

Was ihre Eltern beruflich machen?

„Hier ist gar nichts los, Masud will gerade gehen“, brülle ich Richtung Küche und greife mit meiner freien Hand nach der Klinke, um ihn vor die Tür zu setzen, bevor er hier noch mehr Quatsch erzählt.

Aber als ich ihn ins Treppenhaus schieben will, dreht sich Masud geschickt weg. Ich verliere das Gleichgewicht, öffne die Tür und …

2.
Die Stock-Lady

Ich bin in einer Schule gelandet. Es ist aber nicht meine, sondern irgendeine andere, und die Kinder, die sich nach mir umdrehen, kenne ich auch nicht. Alles ist ganz grau und trist und sieht aus, als hätte jemand ein Handyfoto mit einem Retrofilter bearbeitet.

„Schön, dass du uns auch schon beehrst, Leopold!", begrüßt mich eine Stimme. „Bist du jetzt beim Zirkus? Als Clown? Oder warum trägst du so bunte Kleider? Setz dich hin, damit wir endlich mit der Klassenarbeit anfangen können."

VERDAMMT, VERDAMMT, VERDAMMT!

So schlimm hat es mich bei meinen Tür-Reisen noch nie erwischt. Nicht mal damals bei den alten Ägyptern, bei denen ich Steine für ihre Pyramiden schleppen musste. Ich weiß ja noch nicht mal, ob hier gerade eine in Deutsch, Englisch oder, noch schlimmer, eine in Mathe ansteht. Besser ist, ich verschwinde gleich wieder. Ich will mich gerade umdrehen und durch die Tür woandershin fliehen, als die Stimme mich anbrüllt: „Brauchst du eine Extra-Einladung?! Hock dich hin, damit wir endlich anfangen können! Und seit wann tragen Jungs in deinem Alter lange Hosen!"

Die Stimme ist dieselbe, die mich so freundlich begrüßt hat. Es ist eine Stimme, die keinen Widerspruch duldet, und sie gehört der Lehrerin, die vorne an der Tafel steht. Mit ihrem strengen Gesicht, den glatt nach hinten gekämmten Haaren und ihren grauen Klamotten sieht sie aus wie eine Gefängniswärterin. In der rechten Hand – ich schwöre – hält sie einen Bambusstock, den sie drohend durch die Luft zischen lässt. An den alten Holzbänken vor ihr sitzen Jungen, und die tragen alle kurze Haare und kurze Hosen, obwohl ich durch das Fenster sehen kann, dass draußen Schnee auf den Dächern liegt. Es sind nur ganz wenige Mädchen in der Klasse, und die Karten, die an der Wand hängen, sehen auch irgendwie komisch aus. Ich bin nicht besonders gut in Erdkunde, aber die Grenzen sind total falsch. Das stimmt alles vorne und hinten nicht, weil ich nicht nur an einem anderen Ort, sondern auch in einer anderen Zeit gelandet bin.

Der Kalender an der Wand beweist meine Vermutung.

Wenn man dank seines Türenproblems so viel unter-
wegs ist wie ich, bekommt man halt mit der Zeit einen
Blick für so etwas.
Das Datum beantwortet auch schon eine der drei
Fragen, die ich mir immer stelle, wenn ich durch eine Tür
gegangen und nicht im Zimmer dahinter gelandet bin.
Die erste Frage lautet:
„Ist die neue Situation eine
Verbesserung zu meinem normalen
Leben, ganz okay oder lebens-
gefährlich?"
Solange ich tue, was die Stock-Lady da vorne von
mir verlangt, ist es im Augenblick wahrscheinlich

nicht lebensgefährlich, aber eine Verbesserung ist es ganz sicher auch nicht.

Die zweite Frage ist:

In welcher Zeit bin ich gelandet? Vergangenheit? Gegenwart? Zukunft? Siehe oben.

Und die dritte Frage:

Will ich wieder zurück in mein normales Leben?

Auf JEDEN Fall.

Am besten wird es sein, ich verschwinde hier schnell wieder. Aber das geht nicht, weil die Stock-Lady sich zwischen mich und die Tür gestellt hat und mir die ganze Zeit mit ihrem Stock vor dem Gesicht herumfuchtelt. An der komme ich so leicht nicht vorbei, deswegen suche ich mir einen freien Platz, um Zeit zu gewinnen. Es gibt nur einen, und der Junge, der neben mir sitzt, lächelt mich an, als ob wir uns kennen würden. Ich lächele zurück, obwohl ich keine Ahnung habe, wie er heißt und ob wir befreundet sind oder nicht. Aber das ist bei meinen Tür-Reisen immer so:

Für alle anderen ist es völlig normal, dass ich da bin
und ich der Einzige bin, der sich wundert, wo er gelandet ist. Ich will meinen Nachbarn etwas fragen, aber
als ich den Mund öffne, sieht er mich entsetzt an.

Wahrscheinlich hat er Angst vor der Stock-Lady.
Die geht jetzt durch die Reihen und verteilt die Ar-
beitsblätter. Es ist ganz still in der Klasse. Bisher hatte
ich keine Ahnung gehabt, dass dreißig Kinder in einem
Raum so still sein können. Das kenne ich gar nicht, weil
es bei uns in der Klasse eher immer laut ist. Hier aber

ist es so ruhig, dass ich sogar hören kann, wie das
Blatt Papier vor mir auf dem Tisch aufschlägt.

Der Junge neben mir reicht mir einen Stift, weil er
gemerkt hat, dass ich nichts zum Schreiben dabeihabe.
Ich nehme das Blatt und ...

Es ist alles noch viel schlimmer, als ich gedacht hatte.
Es ist nämlich keine Deutscharbeit, keine Englischarbeit
und auch keine Mathearbeit.

Es ist eine Lateinarbeit, und das bedeutet: Ich bin
geliefert, weil ich bei mir an der Schule Französisch
gewählt habe.

Ich starre auf das Blatt vor mir und verstehe kein
Wort. Der einzige Satz, den ich auf Lateinisch kann,
lautet „Alea iacta est", und den habe ich aus einem
Asterix-Heft gelernt. In dem Comic stand, dass das
wörtlich übersetzt so viel bedeutet wie „Die Würfel sind
gefallen", und das meint: Alles ist entschieden, nichts
geht mehr.

Weil es das Einzige ist, was ich auf Latein kann, kritze-
le ich den Satz auf das Arbeitsblatt und melde mich.

„Was ist denn jetzt schon wieder, Leopold?" Die

Stock-Lady sieht mich misstrauisch an. „Ich gebe keine Ratschläge bei der Arbeit, das müsstest du eigentlich wissen. Also, was willst du?"

„Ich will keine Ratschläge, ich muss aufs Klo", antworte ich.

„Weil du da deine Spickzettel versteckt hast! Für wie dumm hältst du mich eigentlich?"

„Gute Frage, aber ich brauche keine Spickzettel. Ich bin schon fertig." Und das stimmt ja auch, weil ich alles aufgeschrieben habe, was ich weiß.

Ich stehe auf und reiche ihr meine Arbeit, und dann mache ich etwas ganz Verrücktes. Ganz spontan, das war nicht geplant oder so, ich tue es einfach, weil ich spüre, dass ich es tun muss. Während mir die Stock-Lady mein Blatt aus der Hand nimmt, greife ich

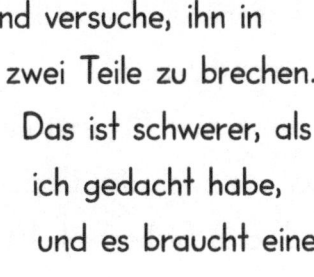

schnell nach ihrem Stock und versuche, ihn in zwei Teile zu brechen. Das ist schwerer, als ich gedacht habe, und es braucht eine

Weile. Aber die Stock-Lady
ist viel zu überrascht und starrt
mich einfach nur an, während ich
versuche, den Bambus in der Mitte
durchzubrechen.

Ich werfe ihr die beiden Teile
vor die Füße. Sie ist immer noch
sprachlos, dafür meldet sich jetzt endlich der Rest der
schweigenden Klasse zu Wort und beginnt zu jubeln
und begeistert durcheinanderzuschreien. Sie sind kurz
davor, mich auf ihre Schultern zu heben und durch die
Klasse zu tragen. Aber dafür habe ich keine Zeit.
„Salve", rufe ich der Stock-Lady zu, weil mir gerade
eingefallen ist, dass ich doch noch ein lateinisches Wort
kann. „Salve" heißt so viel wie „Guten Tag" und „Auf
Wiedersehen", obwohl ich auf ein Wiedersehen gut
verzichten kann.
Ich renne zur Tür und bete, dass ich nicht im Schulflur
lande, wenn ich da durch bin, sondern irgendwo anders,
irgendwo in Sicherheit. Es gibt nämlich leider keine

Garantie dafür, dass das mit den Tür-Reisen hundert-
prozentig klappt. Manchmal passiert auch gar nichts,
wenn ich eine Tür öffne, und das wäre jetzt richtig
doof. Die Stock-Lady ist nämlich inzwischen aus ihrer
Schock-Stock-Starre aufgewacht und brüllt hinter mir
her. Ich verstehe nicht alles, nur einzelne Wörter, weil
sich ihre Stimme vor Wut überschlägt. Aber „Tod",
„begraben", „erledigt", „für immer" höre ich ganz
deutlich heraus.
Ich habe die Tür jetzt erreicht, greife nach der Klinke,
reiße sie auf und ...

Ein Mann in
langen Shorts mit
Boxhandschuhen
steht vor
mir. Er ist

mindestens doppelt so groß wie ich und sieht aus, als wollte er mich verprügeln. Er holt weit aus, und ich sehe seine Faust auf meinen Kopf zurasen. Ich kann mich gerade noch ducken, sonst hätte er mich glatt am Kinn getroffen. Alles geht so schnell, dass ich nicht mal Zeit für meine drei Fragen habe.

„Hau ihn um, Leo!", brüllt eine Stimme hinter mir.
„Der kann nix."

Ich drehe mich um und sehe in der Ecke des Boxrings einen alten Mann mit Brille stehen, der mir aufmunternd zuwinkt. Der Brillenträger muss mein Trainer sein, und offensichtlich ist er blind, sonst müsste er erkennen, dass ich gegen den Riesen vor mir nicht den Hauch einer Chance habe.

Weil ich mich zu meinem Trainer umgedreht habe, sehe ich die Gerade des Riesen erst in letzter Sekunde. Um seiner Faust auszuweichen, lasse ich mich einfach auf den Boden fallen.

Tatsächlich geht der Schlag ins Leere, dafür fängt der Ringrichter an, mich anzuzählen, weil er denkt, ich wäre vor Schreck k. o. gegangen.

Ich robbe
auf dem
Boden
zu den
Seilen,
klettere
darunter
hindurch

und renne zwischen den pfeifenden Zuschauern Richtung
Ausgang. Mein Trainer und mein Gegner sind knapp
hinter mir. Sie versuchen, mich zu packen und zurück
in den Ring zu zerren. Aber weil ich geschickt Haken
schlage, schaffe ich es, die Tür der Umkleide vor ihnen
zu erreichen. Ich greife nach der Klinke und ...

... stehe in einem riesig großen Saal mit ganz vielen
Leuten. Irgendjemand fragt mich auf Englisch: „Sind Sie
bereit, der nächste Präsident der Vereinigten Staaten
zu sein? Dann schwören Sie ..." Obwohl mein Englisch
nicht besonders gut ist, verstehe ich, dass ich hier
gerade zum Präsidenten der USA vereidigt werden soll.

Das ist mir alles eine Nummer zu hoch, und deswegen schaue ich mich nach der nächsten Tür um. Die ist gar nicht weit weg, und deswegen antworte ich: „Nein, danke für das Angebot. Sehr freundlich, aber heute nicht. Vielleicht ein anderes Mal, wenn ich ein bisschen älter bin. Rufen Sie mich einfach an, oder schicken Sie mir eine Textnachricht. Schönen Tag noch." Ich drehe mich um und renne auf die Tür zu, reiße sie auf und …

3.
Eiszeit

Verdammt, verdammt, verdammt: Ich bin zurück bei
der Stock-Lady.

„Dafür gibt es fünfzig Hiebe! Und noch mal fünfzig dafür, dass du meinen Stock zerbrochen hast. Und noch mal fünfzig obendrauf für das unerlaubte Verlassen des Klassenzimmers."

Dass es damals in der Schule die Prügelstrafe gab, habe ich mal irgendwo gelesen. Deswegen wundert mich ihre Drohung nicht großartig. Es wundert mich auch nicht, dass sie mit dem Korrigieren meiner Arbeit schon fertig ist. Stand ja nicht viel drauf auf dem Blatt, eigentlich nur ein kurzer Satz mit drei Wörtern, da hatte sie nicht viel zu tun. Was mich dagegen wundert, ist die Reaktion meiner stillen Klassenkameraden. Die bejubeln meinen zweiten Auftritt mindestens so begeistert wie meinen Abgang vorhin und schreien die ganze Zeit: „Freiheit! Freiheit!"

Für die bin ich so etwas wie ein Widerstandskämpfer, und im Gegensatz zu ihnen kann ich mir das auch leisten, weil ich mich jederzeit wieder aus dem Staub machen kann. Ich strecke meinen Mitschülern aufmunternd meinen Daumen entgegen, öffne die Tür und ...

Manchmal hat man auch mal Glück im Leben. Sogar jemand wie ich. Ich bin genau in der Eisdiele gelandet, in der Miriam schon auf mich wartet. Sie sitzt an einem der kleinen Tische, und da fällt mir ein riesiger Stein vom Herzen, ach was, ein ganzes Gebirge landet da auf dem Boden der Eisdiele, weil es ja nicht ganz unwahrscheinlich war, dass das mit dem Date doch nur ein schlechter Witz war. Warum sollte sich ein tolles Mädchen wie Miriam mit einem Niemand wie mir treffen wollen? Und doch ist sie da und winkt mir auch gleich zu, und das kann ja nur bedeuten, dass sie die ganze Zeit auf die Tür gestarrt hat, weil sie es gar nicht erwarten konnte, dass ich komme.

Miriam lächelt, und mir wird so warm ums Herz, dass das Eis hinter der Theke gleich anfangen müsste zu schmelzen. So heiß ist mir plötzlich, weil alles einfach nur perfekt ist und mich meine Tür-Reise dieses eine Mal ausnahmsweise zur richtigen Zeit an den richtigen Ort geführt hat.

Ich habe nur Augen für Miriam, und deswegen bemerke ich den Kellner nicht, der mit einem Tablett mit vier Erdbeer-Eisbechern neben mir steht. Ich laufe auf Miriam zu und er auf den Tisch, der die Eisbecher bestellt hat. Leider gleichzeitig. Wir knallen gegeneinander, und ich verliere das Gleichgewicht. Um nicht umzufallen, greife ich nach dem Griff der Glastür hinter mir.

Im selben Moment höre ich auch schon das Scheppern der vier Erdbeer-Eisbecher, die auf dem Boden gelandet sind. Menschen schreien, der Kellner schimpft, Miriam ruft: „Leo!", und genau in dem Moment geht die Tür auf, weil ich mich vor Schreck dagegen gelehnt habe. Ich taumele nach draußen und ...

... bin wieder von Eis umgeben. Aber es ist kein Erdbeer-, Vanille- oder Zitroneneis, sondern einfach nur gefrorenes Wasser. Ich war noch nie in einem Iglu und dennoch weiß ich instinktiv, dass ich hier in einem gelandet bin. In der Halbkugel über mir glitzern die Eiskristalle, und auf dem Boden liegen Felle, Decken und ein Speer verstreut. Außer mir ist niemand zu Hause, und da habe ich Glück gehabt, weil es so schon ziemlich eng ist.

Zeit für meine drei Fragen:

1) Vergangenheit, Gegenwart oder Zukunft?

Ich habe nicht die geringste Ahnung, weil ich keinerlei Hinweise entdecken kann, in welcher Zeit ich mich befinde. Ich vermute mal, diese Iglus werden schon seit Jahrhunderten aus Schneeblöcken zusammengebaut. Da kann man ja gar nicht entscheiden, von wann so ein Iglu ist.

2) Ist die Situation ganz okay oder lebensgefährlich?

Viel besser als bei der Stock-Lady ist es auf jeden Fall, aber auch viel schlechter als in der Eisdiele. Außerdem ist es kalt, saukalt, und deswegen schnappe ich mir ein paar von den Fellen und hülle mich darin ein.

3) Will ich wieder zurück?

Was glaubt ihr denn? Klar will ich zurück, und das so schnell wie möglich! Zurück in die Eisdiele zu dem tollsten Mädchen der Welt, die sich bestimmt gerade fragt, warum ich so plötzlich wieder verschwunden bin. Miriam denkt doch jetzt bestimmt, dass ich Schiss bekommen habe und einfach weggelaufen bin. Oder dass es irgendwie an ihr gelegen hätte. Also, wenn ich in einer Eisdiele auf ein Mädchen warten würde und

die würde an der Tür umdrehen und sofort wieder
verschwinden, würde ich auf jeden Fall denken, dass das
irgendwie an mir liegt.

Ich krieche zum Ausgang des Iglus und hoffe, dass
mich die Tür dort in die Eisdiele zurückbringt. Aber
das klappt leider nicht, weil es hier überhaupt keine Tür
gibt. Natürlich nicht. Ich bin in einem Iglu!
Der Eingang ist mit nur einem Fell verhangen, das genauso nach Fisch stinkt, wie die Felle, die ich mir über
die Schultern gehängt hatte. Ich tippe, dass die früher
mal Robben, Walrossen oder Seehunden gehört haben.
Also früher, bevor die Eskimos, die das Iglu gebaut
haben, sie erschossen haben.
Das mit dem Durch-die-Tür-woandershin-Verschwinden
klappt natürlich nicht, wenn es gar keine Tür gibt, und
das heißt, ich habe jetzt echt ein Problem.
Ich zögere, das Fell zur Seite zu schieben. Solange ich
in dem Iglu bleibe, kann ich mir immer noch einbilden,
dass es in einem Museum steht und ich, wenn ich mich
einfach unter die Besucher mische, durch die nächste

Tür unauffällig verschwinden kann. Für ein Museum ist es allerdings ziemlich kalt hier drinnen. Aber wenn das Iglu kein Ausstellungstück in einem Museum ist, dann kann das ja nur bedeuten, dass ich …

Ich zähle langsam bis zehn, dann schiebe ich mit einem Ruck das Fell zur Seite, so wie man sich ein Pflaster von der Haut reißt, damit es nur kurz wehtut.

Geblendet schrecke ich zurück. Da draußen ist alles so weiß wie ein Bettlaken, das frisch aus der Kochwäsche

kommt. Weißer geht es gar nicht und dieses Weiß erstreckt sich bis zum Horizont. Es gibt nur einen einzigen Farbfleck in diesem endlosen Weiß. Ich hülle mich in die Felle und gehe nachschauen, was das sein könnte. Als ich näher komme, erkenne ich, dass es ein roter Schlitten ist. Es ist aber zum Glück keiner für Hunde oder so, sondern einer mit Motor, und das kann ja nur bedeuten, dass ich zumindest nicht allzu weit in die Vergangenheit gereist bin. Ich schaue mich um, ob jemand da ist, dem das Teil gehört. Es ist aber weit und breit niemand zu sehen, und man kann hier wirklich sehr weit sehen. Sonst hätte ich bestimmt auch gefragt, ob ich mir das Gerät ausleihen darf. So klettere ich einfach auf den Sitz und sehe, dass der Schlüssel steckt. Das nennt man wohl Glück im Unglück. Unglück im Glück im Unglück ist dann nur leider, dass der Schlüssel festgefroren ist und ich ihn nicht bewegen kann.

Kein Stück.

Vielleicht sollte ich einfach auf das Schloss pinkeln, tue es dann aber doch nicht, weil das zu peinlich wäre. Auch wenn hier überhaupt niemand ist außer mir. Stattdessen hauche ich meinen warmen Atem auf das

Schloss. Ich hoffe, es so auftauen zu können, damit mich der Schlitten zur nächsten Tür bringt. Dummerweise komme ich dabei mit meiner Zunge zu nahe an das Metall und hänge plötzlich fest. Das ist blöd, und ich bin ganz froh, dass das niemand sieht. Niemand, außer diesem abgemagerten Eisbären, der plötzlich hinter mir auftaucht.

Ich habe ihn zuerst gar nicht gesehen, sondern nur das Knurren seines Magens gehört. Er sieht aus wie diese klapperdürren Eisbären, die man immer in den Internetvideos sieht, die zeigen, wie schlimm das mit dem Klimawandel ist.

Der Bär hat sicher seit Tagen nichts gegessen, und da kommt ihm ein Junge wie ich, der mit der Zunge an einen Motorschlitten gefesselt ist, bestimmt gerade recht. Während er sich langsam nähert, puste und puste und puste ich, damit mein warmer Atem meine festgefrorene Zunge befreit. Das gelingt mir aber erst, als der Eisbär nur noch einen Meter von mir entfernt ist. Zum Glück lässt sich der Schlüssel jetzt auch endlich drehen, und ich gebe Gas. Egal wohin, Hauptsache, weg hier. Doch so leicht lässt sich der Eisbär nicht abschütteln. Er trottet hinter mir her, und dazu muss er gar nicht mal besonders schnell sein, weil es mir nicht gelingt, vom ersten in den zweiten Gang zu schalten.

Wir beide kommen wahnsinnig langsam voran. Das ist ganz sicher die lahmste Verfolgungsjagd, die es jemals gegeben hat.

Ich fahre immer
geradeaus – glaube ich zumindest – und hoffe, dass das Benzin reicht
und ich nicht in dieser Eiswüste liegen bleibe. Dann
würde ich erfrieren oder von dem Eisbären gefressen
werden oder beides.

Da taucht plötzlich am Horizont ein Container auf. Er
ist noch ein gutes Stück weg, aber es gibt gar keinen
Zweifel: Meine Rettung liegt direkt vor mir. Das muss
eine Forschungsstation sein, und wenn ich die erreiche,
habe ich es geschafft. Tatsächlich erreiche ich den Container mit einem winzigen Vorsprung vor dem Eisbären.
Als ich dort ankomme, öffnen gerade zwei Männer in

dicken Daunenjacken die Tür. Ohne zu grüßen, springe ich von dem Schlitten und stürme an ihnen vorbei.

„Schau an, schau an, schon wieder so ein Inuitjunge, der sich bei uns aufwärmen möchte", sagt der eine.

„Und er hat einen hungrigen Freund zum Essen mitgebracht", sagt der andere und zeigt auf den Eisbären.

Aber das kriege ich gar nicht richtig mit. Ich lasse die Felle von meinen Schultern gleiten, greife nach dem Griff der Containertür, stoße sie auf und ...

4.
Hölle in Rot-Weiß

Das Zimmer sieht fast so aus wie meins. Ist es aber nicht, weil ich niemals Bayern München-Bettwäsche benutzen würde. Außerdem kenne ich die Leute auf

den Familienfotos an der Wand nicht, und Bücher
gibt es auch keine. Ansonsten sieht es hier aus wie
wahrscheinlich in jedem Zimmer eines Dreizehnjährigen.
Es gibt ein Bett, einen Schrank, einen Schreibtisch, ein
Fenster, einen Computer und natürlich auch eine Tür.
Für eine Sekunde überlege ich, durch die Tür schnell
wieder zu verschwinden. Aber nachdem, was ich gerade
hinter mir habe, brauche ich ein bisschen Erholung, und
zumindest scheint mein Leben hier nicht unmittelbar in
Gefahr zu sein. Zumindest gibt es hier keine hungrigen
Eisbären, keine riesigen Boxer, und eine Stock-Lady ist
hier auch nicht zu sehen.

Trotz der rot-weißen Bettwäsche lege ich mich aufs
Bett und wickle mich in eine Decke ein. Nach der
Schlittenfahrt quer durch die Arktis ist mir immer noch
schweinekalt. Ich zittere ganz schrecklich am ganzen
Körper, aber das könnte auch noch eine Nachwirkung
meiner Verfolgungsjagd mit dem Eisbären sein. Und
das ist ja oft so, dass der Schock erst später kommt,
dann, wenn alles vorbei ist und man es überlebt hat.
Ich liege bibbernd auf dem Bett, und dabei gehen mir
ganz viele wichtige Fragen durch den Kopf.
Ob Miriam immer noch in der Eisdiele sitzt und auf
meine Rückkehr wartet?
Oder ist sie gleich wütend abgedampft, als ich so
plötzlich verschwunden bin?
Und wie um alles in der Welt kann man in Bettwäsche
von Bayern München schlafen?
Außerdem muss ich die ganze Zeit an den armen
Eisbären denken, und auch an die Kinder in der Klasse
der Stock-Lady. Ich hoffe, dass der Bär endlich
etwas zu essen findet, das müssen ja nicht unbedingt
die beiden Forscher sein, und dass die Schülerinnen

und Schüler wegen mir keinen Ärger kriegen. Auf meinen Tür-Reisen begegne ich ja immer irgendwelchen Leuten, wenn auch manchmal nur ganz kurz, aber das beschäftigt mich dann oft lange, was aus ihnen geworden ist und wie es denen wohl jetzt geht.

Das Zittern wird immer schlimmer, außerdem fange ich jetzt auch noch an, ganz schrecklich zu schwitzen, und furchtbare Kopfschmerzen bekomme ich auch.

Irgendwann schlafe ich ein und träume von der Eisdiele, in der Miriam immer noch auf mich wartet und einen Banana-Split nach dem anderen isst. Auf ihrem Tisch türmen sich schon zwanzig oder dreißig Glasschälchen.

In meinem Traum wird sie immer dicker, so wie ein Ballon, den man aufbläst. Irgendwann ist sie so rund wie ein Fass und kann nur noch mit einem Kran von ihrem Stuhl gehoben werden. Als sie dabei versehentlich an die Spitze einer Eiswaffel stößt, gibt es einen Knall, und Miriam platzt, einfach so.

„Ich glaube, er wird wach", höre ich eine Stimme, und eine andere sagt: „Das wurde auch Zeit."

Ich öffne meine Augen einen winzigen Schlitz breit und sehe zwei Gesichter, die sich über mich beugen. Es sind ein Mann und eine Frau, und vom Alter her könnten es meine Eltern sein. Also nicht meine richtigen Eltern, sondern die von dem Jungen, in dessen Zimmer ich gelandet bin. Die beiden sehen nett aus und scheinen sich wirklich Sorgen um mich zu machen.

„Mama? Papa?", flüstere ich, weil ich damit nicht so wahnsinnig viel falsch machen kann.

Ich brauche dann gar nicht mehr viel zu sagen, weil sie selbst so viel erzählen. Drei Tage lang soll ich geschlafen haben, und es war wohl sogar ein Arzt da, der mich untersucht hat.

„Der Junge hat eine schwere Unterkühlung und braucht vor allem Wärme und Ruhe", hat der Doktor gesagt, sagen sie.

„Völlig unmöglich", haben meine Eltern ihm geantwortet. „Es ist Sommer! Wie soll er sich denn da unterkühlt haben?"

Die beiden wussten ja nicht, dass ich durch die Tür einer Forschungsstation am Nordpol zu ihnen gekommen bin.

„Ich glaub ja eher, du bist nur krank geworden, weil
du ständig vor dem Ding da hockst, Leo." Mein Vater
zeigt mit dem Finger auf den Computer, der auf
meinem Schreibtisch steht. „Du machst ja nichts anderes mehr. Lies mal lieber ein Buch."

„Jetzt lass ihn erst mal in Ruhe, darüber reden wir
später", sagt meine Mutter und streicht mir über das
Haar. „Er muss was essen, und du hast doch extra
Suppe für ihn gemacht."

„Stimmt, die Suppe, die hätte ich fast vergessen." Mein
Vater gibt mir einen Kuss auf die Stirn und verlässt das
Zimmer. Kurz darauf ist er schon wieder zurück und hat
einen Teller Suppe und einen Löffel in der Hand. Dann
beginnen meine Eltern, mich zu füttern, abwechselnd.
Normalerweise fände ich das ziemlich peinlich, aber erstens sieht mich ja keiner, und zweitens fühlt sich das gar
nicht so übel an, mal wieder ein bisschen bemuttert und
bevatert zu werden. Außerdem fühle ich mich tatsächlich noch ein bisschen schwach, und die Suppe schmeckt
wirklich prima, viel besser als die Nudeln mit Soße, die
mein Vater, also mein richtiger Vater, immer kocht.

Im Großen und Ganzen scheine ich es gar nicht schlecht getroffen zu haben. Trotz der Meckerei über die Zeit am Computer, aber das tun ja alle Eltern, und deswegen stört mich das auch nicht besonders.

„Wer ist eigentlich diese Miriam, von der du die ganze Zeit im Fieberwahn erzählt hast. Kennen wir die?", fragt meine Mutter, aber gar nicht, um mich zu ärgern, sondern weil es sie wirklich zu interessieren scheint.

„Ich habe nur nicht verstanden, was die Bananen und der Kran zu bedeuten hatten, von denen du gesprochen hast", sagt mein Vater. „Und warum du plötzlich VORSICHT, DIE EISWAFFEL gerufen hast."

„Keine Ahnung", schwindele ich. „Ich war halt krank und . . ."

Die Türglocke unterbricht mich, und meine Mutter steht auf, um nachzusehen, wer da geläutet hat.

Draußen auf dem Flur ertönen Stimmen, und ich höre meine Mutter sagen: „Aber nur ganz kurz, Salah, er muss sich noch schonen."

Dann geht auch schon die Tür auf, und Masud steht vor meinem Bett. Es ist natürlich nicht wirklich Masud,

aber der Junge sieht genauso aus wie Masud, und das passiert mir häufiger, dass ich auf Tür-Reisen Menschen begegne, die ich auch aus meinem richtigen Leben kenne. Im Gegensatz zu mir heißen die dann nur anders, benehmen sich aber ganz ähnlich wie meine Leute zu Hause.

„Du kannst doch nicht einfach abnibbeln, ohne mir vorher in deinem Testament deinen Computer zu vermachen. Ich habe echt für dich gebetet."

54

Er klingt genau wie Masud, und da kann ich gar nicht anders, als zurückzugrinsen.

„Danke, ohne das hätte ich es wahrscheinlich nicht geschafft", erwidere ich. „Meinen Computer kriegst du trotzdem nicht."

Meine Eltern stehen auf, damit wir in Ruhe reden können. Die beiden scheinen wirklich voll in Ordnung zu sein.

Als sie an der Tür sind, dreht sich mein Vater noch mal um und sagt: „Fünf Minuten, okay? Dann muss Leo noch ein bisschen schlafen."

„Klar doch, fünf Minuten und keine Sekunde länger", sagt Salah. „Ich will ja nicht, dass Leo einen Rückfall kriegt und doch noch abkratzt, bevor er sein Testament gemacht hat."

„Unterschreib bloß nichts, Leo." Mein Vater lacht, und meine Mutter sagt: „Die Zeit läuft ab jetzt."

Dann sind sie draußen, und Salah setzt sich zu mir auf die Bettkante. Dabei bemüht er sich, auf gar keinen Fall die Bayern-Bettwäsche zu berühren.

„Du hast echt Glück gehabt mit deinen Eltern, das sind die besten", sagt Salah. „Die lieben dich voll, obwohl du ein Bayernfan bist."

„Bin ich doch gar nicht", will ich rufen, verkneife mir das aber lieber, stattdessen sage ich: „Geht so, sie haben gemeckert, dass ich zu viel am Computer hocke und lieber mehr lesen soll."

„Da haben sie ja auch recht. Das letzte Buch, das du gelesen hast, war die Geschichte von diesem kleinen Hamster, der unbedingt wissen wollte, wer ihm auf den Kopf gepinkelt hat."

„Maulwurf, nicht Hamster, und dem hat auch keiner auf den Kopf gepinkelt, sondern ..."

„Ist doch egal", unterbricht mich Salah. „Solange ich dich kenne, und das ist schon ziemlich lange, habe ich dich noch nie mit einem Buch gesehen, und dass du zu viel am Rechner hängst, stimmt doch auch, du Nerd." Salah macht eine bedeutungsschwere Pause. „Aber es hat sich gelohnt. Ich habe nämlich eine riesige Überraschung für dich. Besser du setzt dich hin, sonst haut es dich glatt um."

Und dann erzählt mir Salah eine ganz unglaubliche Geschichte. Ich bin wohl so was wie ein Hobby-Influencer, der im Internet regelmäßig irgendwelche selbst gemachten Filmchen hochlädt. Leider sagt Salah mir nicht, wovon meine Posts handeln, weil er ja davon ausgeht, dass ich das sowieso weiß. Auf jeden Fall hat Salah wohl die Zugangsdaten zu meinen Accounts, was beweist, dass ich ein ziemlicher Idiot bin. Ich meine, wer gibt schon seine Passwörter raus? Salah könnte da irgendeinen Quatsch veröffentlichen, und ich stünde dann wie der letzte Trottel da. Das muss ich ganz schnell ändern.

Kann ich aber nicht, weil ich sie selbst nicht kenne.

„Sag mal schnell, wie heißen noch mal mein Passwort und mein Benutzername?", frage ich.

„Das weißt du doch, Idiotenkaiser", antwortet Salah.

„Hey, ich habe nur eine Frage gestellt. Deswegen musst du mich nicht gleich beleidigen", sage ich beleidigt.

Salah sieht mich an, als wäre ich verrückt geworden.

„Wieso beleidigen? Den Namen Idiotenkaiser hast du dir doch selbst für dein Profil ausgesucht", erwidert Salah.

Oh Gott, ich scheine in diesem Leben ein noch größerer Idiot zu sein, als ich wegen der Bettwäsche sowieso schon vermutet hatte.

5.
Passwort unbekannt

„Und? Hat sich im Netz irgendwas getan, während ich krank war?", frage ich, um von meinem dämlichen Profilnamen abzulenken.

„Nee, aber ich habe da eine Nachricht hinterlassen, dass es dir grad nicht gut geht. Damit sich keiner wundert, warum es auf deinem Account so ruhig ist."

„Danke", murmele ich, weil das ja wirklich nett von ihm war.

„Eigentlich müsstest du mir dafür die Füße küssen", sagt Salah, und ich bin nicht sicher, ob er das ernst meint oder nicht. „Wegen der kurzen Meldung soll ich dir nämlich Genesungswünsche überbringen. So um die zehn. Sogar #Weltenretterin wünscht dir alles Gute."

„Noch mal danke", sage ich, weil zehn ja eine ganz gute Zahl sind. Wenn ich zu Hause was poste, kriege ich höchstens mal drei oder vier Likes. Blöd nur, dass ich keine Ahnung habe, wer #Weltenretterin ist. Ich traue mich aber nicht zu fragen, weil Salah ja denkt, dass ich sie kenne. Sonst hätte er ihren Namen ja nicht erwähnt. „Zehn ist super, das ist ja fast eine Fußballmannschaft."

Salah sieht mich wieder so komisch an.

„Du bist echt noch nicht so richtig fit, oder? Das waren doch nicht zehn ...

SONDERN ZEHNTAUSEND DEINER FOLLOWER.

Wow, das muss ich erst mal verdauen. Offensichtlich betreibe ich im Internet eine Seite mit einem dämlichen

Namen, auf der eine kurze Meldung über meinen angeschlagenen Gesundheitszustand zehntausend Klicks auslöst.

Noch mal wow!

„Aber das Beste kommt ja erst noch", sagt Salah und sieht mich geheimnisvoll an.

„Was denn?", frage ich. „Mach es nicht so spannend."

„Du hast eine Mail bekommen."

„Mail? Das ist doch nur noch für alte Leute. Wer schickt denn heute noch Mails?"

„Na, zum Beispiel der Typ von der Firma, die junge, aufstrebende Internetstars wie dich ganz groß bringt. Die wollen dich unter Vertrag nehmen", sagt Salah.

„Da bist du sprachlos, was?"

„Nein."

„Wie, nein?"

„Ich bin nicht sprachlos, hörst du doch. Außerdem verarschst du mich nur, stimmt's?"

„Würde ich niemals tun, ich schwör beim WLAN meiner Mutter", behauptet Salah. „Ich habe auch schon ein Treffen mit dem ausgemacht."

„Der will uns unbedingt sehen. Morgen schon in so einem Luxushotel."

„Wieso uns? Ich dachte, der wollte mich unter Vertrag nehmen und nicht dich."

„Schon, aber ich habe die Mail beantwortet, und deswegen bin ich ab heute dein Manager", erklärt Salah. „Ich kümmere mich ums Geschäftliche, damit du in Ruhe deinen Influencer-Quatsch machen kannst, du Idiotenkaiser."

„Die fünf Minuten sind rum!", ruft meine Mutter draußen auf dem Flur. „Leo braucht seine Ruhe, du musst jetzt bitte gehen, Salah."

„Muss eh wieder los", ruft Salah zurück, dann beugt er sich zu mir herunter und flüstert. „Ich hole dich morgen ab, du Pflegefall, so um elf."

„Müssen wir denn nicht zur Schule?"

„Wozu denn jetzt noch Schule?" Salah schlägt mir auf die Schulter und steht auf. „Schon bald sind wir beide stinkreich! Außerdem ist morgen Samstag, da müssen wir da sowieso nicht hin."

„Dann ist ja gut", murmele ich.

„Wirst schon sehen, die Mädchen werden uns zu Füßen liegen." Salah macht eine Pause. „Na ja, alle bis auf #Weltenretterin natürlich. Und jetzt schlaf dich aus, du musst morgen fit sein. Das wird unser großer Tag, unser ganz persönliches Champions League End-spiel, und das dürfen wir auf keinen Fall vermasseln." Salah zeigt auf mein Bettzeug. „Nicht so wie deine Bayern gegen Chelsea 2012."

Dann ist er draußen, und ich bleibe allein zurück. Das waren eine Menge Informationen auf einmal. Das ist überhaupt das Allerwichtigste bei meinen Tür-Reisen.

So schnell wie möglich, so viele Infos wie möglich über mich und mein Leben zu sammeln. Sonst kann so ein Ausflug in ein fremdes Leben ziemlich peinlich werden.

Fassen wir zusammen:
- Ich habe nette Eltern, die sich rührend um mich kümmern.
- Ich habe einen Freund, der mein Manager sein möchte.
- Und ich stehe mit meinem Internet-Kanal kurz vor dem ganz großen Durchbruch.

Das sind die guten Nachrichten. Die schlechten sind:
- Ich bin Bayern-Fan.
- Ich habe anscheinend eine Feindin mit dem Namen #Weltenretterin.
- Und ich kenne die Passwörter für meine Accounts nicht.

Obwohl ich mich immer noch ein bisschen schwach fühle, erhebe ich mich von meinem Bett und schleppe mich zur Tür. Ein Internetstar zu sein ist ja bestimmt nicht schlecht, aber ich möchte jetzt doch lieber zurück in die Eisdiele zu Miriam. Das mit den Tür-Reisen ist nämlich so: Während in den Paralleluniversen, in die es mich verschlägt, Stunden, Tage, Wochen vergehen können, bleibt die Zeit bei mir zu Hause irgendwie stehen. Wenn ich durch irgendeine Tür wieder zurückkehre, sind da höchstens ein paar Sekunden vergangen. Die Chancen stehen also nicht schlecht, dass Miriam immer noch an dem Tisch sitzt, von dem aus sie mir lächelnd zugewinkt hat. Ich muss mir nur was einfallen lassen, warum ich schnell noch mal wegmusste. Ich kann ja einfach sagen, dass ich dringend aufs Klo musste. Oder dass mich ihr Anblick so umgehauen hat, dass ich mich erst mal davon erholen musste.

Ich gehe zur Tür meines Zimmers, öffne sie und ...

Das ist überhaupt das Übelste an den Tür-Reisen, dass ich mich einfach nicht darauf verlassen kann, dass es klappt. Mal funktioniert es zehn Mal hintereinander, so wie vorhin, und dann passiert wieder gar nichts. Ich öffne die Tür und stehe im Gang dahinter. Der ganze Flur ist mit Bücherregalen vollgestellt, die bis unter die Decke reichen. Auf den Regalen stehen, liegen, stapeln sich Bücher, und jetzt verstehe ich auch, warum meine Eltern so traurig sind, dass ihr Sohn nicht liest. Ich probiere noch vier andere Türen auf dem Flur aus. Eine geht ins Badezimmer, die zweite ins Schlafzimmer meiner Eltern, die dritte auf den Hausflur, und hinter der dritten liegt das Wohnzimmer. Es bleibt noch eine übrig, und das muss die Küche sein. Meine Eltern unterhalten sich dort, aber sie sind so leise, dass ich nicht verstehen kann, was sie sagen.

Ich gehe zurück in mein Zimmer, aber auch beim zweiten Öffnen meiner Tür passiert nichts, außer dass ich wie jeder andere Mensch einfach nur in dem Raum dahinter lande. Ich probiere sogar alle möglichen

Schranktüren aus, aber auch da ist das Ergebnis
dasselbe.

So wie es aussieht, werde ich wohl eine Weile hierbleiben müssen, und da wäre es ganz gut zu wissen, was
genau ich so alles im Internet als Idiotenkaiser poste.
Schließlich habe ich morgen ein wichtiges Treffen, und
je länger ich darüber nachdenke, desto besser finde ich
es hier. Wann kriegt man schon mal die Gelegenheit,
über Nacht zum Internetstar zu werden?

Das ist ja quasi das Beste, was man erreichen kann, besser noch als Fußballprofi oder Popstar. Danach kommt nichts mehr, höchstens noch Gott, wenn man an den glaubt, aber auch dessen Vorsprung schmilzt mit jedem Gefällt-mir-Klick wie ein Banana-Split in der Sonne.

Da fällt mir Miriam ein. Obwohl, so dringend ist das auch wieder nicht. Die läuft mir ja nicht weg, selbst wenn ich hier ein paar Tage länger bleibe. Ich muss bis dahin nur bei den Türen aufpassen, aber wozu habe ich Salah. Der muss mir eben einfach die Türen aufmachen, zu irgendwas muss so ein Manager ja gut sein.

Ich setze mich an den Schreibtisch, schalte den Rechner an und warte darauf, dass er hochfährt. Dabei checke ich die Papiere, die auf dem Schreibtisch herumliegen. Darunter ist auch ein Zeugnis von mir. Also nicht von mir, sondern von dem Leo in dem Parallel-universum hier.

Die Noten sind alle ziemlich bescheiden, fast nur Vieren und sogar ein paar Fünfen, und nur in Informatik hat er eine Zwei. Auf dem Blatt steht auch seine Adresse, und die muss ich mir gut merken, damit ich wieder nach Hause zurückfinde: Erfurter Straße 24 in Berlin. Hey, ich bin in Berlin gelandet. Ich war noch nie in Berlin, und vielleicht ergibt sich sogar die Chance auf ein bisschen Touristenprogramm: Brandenburger Tor, Bundestag, Eiffelturm.

So begrüßt mich ein Schriftzug auf dem Bildschirm, als der Computer endlich gestartet hat. Dann werde ich aufgefordert, mein Passwort einzugeben.

Ich könnte Salah anrufen und ihm sagen, dass ich es im Fieberwahn vergessen habe. Aber dazu müsste ich ein Smartphone haben, und das habe ich nicht. Keine Ahnung, wo der andere Leo seins aufbewahrt. Meines nützt mir hier überhaupt nichts, das habe ich schon bei früheren Tür-Reisen ausprobiert, wo ich auch keinen Empfang gehabt habe. Also nicht nur nicht am Nordpol oder im Jahr 1908, da ist das ja logisch, sondern auch wenn ich in der gleichen Zeit und mit guter Netzabdeckung unterwegs bin. Deswegen kann ich meine Eltern, also meine richtigen Eltern, auch nicht anrufen. Aber das würde sowieso keinen Sinn machen, weil es die in diesem Universum hier gar nicht gibt. Als ich mal ganz in ihrer Nähe gelandet bin, habe ich versucht, sie zu besuchen. Aber in unserem Haus wohnten ganz andere Menschen, die behaupteten, sie würden dort schon ewig leben, und von meinen Eltern hatten sie auch noch nie gehört. Danach habe ich das nie wieder versucht und mich damit abgefunden, dass ich sie erst wiedersehe, wenn ich durch eine Tür dorthin zurückkehre, wo ich eigentlich hingehöre.

Kurze Anmerkung: Das mit dem Eiffelturm war nur ein Test. Klar weiß ich, dass der nicht in Berlin, sondern in Paris steht. Aber ob der Leo Idiotenkaiser das auch gewusst hätte? Da bin ich mir nicht so sicher.

6.
Der Idiotenkaiser

Was könnte Leo, also der Idiotenkaiser-Leo, für ein Passwort verwenden?

Als Erstes tippe ich Idiotenkaiser ein. Aber der Rechner meldet mir, dass das falsch ist.

Ich probiere es noch mal in Großbuchstaben: IDIOTENKAISER, und dann noch mal mit Idiotenkaiser+2, weil man ja immer mindestens auch einen Großbuchstaben, eine Zahl und ein Sonderzeichen in seinem Passwort haben soll.

Aber die sind auch alle falsch.

Vielleicht hat er ja den Namen seines besten Freundes genommen. Ich gebe Salah ein, doch auch das klappt nicht.

Ich schaue mich im Zimmer um, ob ich da irgendwelche Hinweise finde, und da weiß ich plötzlich ganz genau, wie das Passwort lautet, weil das ganze

Zimmer mit rot-weißem Merchandise-Mist vollge-

stopft ist.

Bayern München

Auch falsch.

Lewandowski und Goretzka spare ich mir. Niemand ist so blöd und wählt als Passwort einen Namen, bei dem die Gefahr besteht, dass man sich bei der Eingabe ständig verschreibt, weil der Name so schwierig ist.

Na ja, Idiotenkaiser vielleicht doch.

Also probiere ich Lewandowski und Goretzka in verschiedenen Varianten auch noch aus. Aber auch das führt nicht zu einer Lösung meines Problems.

Jetzt gehen mir langsam die Ideen aus.

Das Dümmste, was ich mal gehört habe, war, dass jemand als Passwort das Wort Passwort genommen hat.

Bingo, das muss es sein.

Ich tippe Passwort ein.

Falsch.

passwort

Falsch.

Password.

Falsch

Paßwort

Es könnte ja sein, dass Idiotenkaiser denkt, das Wort schreibt sich mit „ß".

Ist aber leider auch nicht das Zauberwort, das mir Zugang zu seinem Rechner verschafft.

Okay, eine Chance habe ich noch. Ich versuche es einfach mit dem Passwort, das ich zu Hause auch benutze.

Zugegeben, das ist jetzt nicht unbedingt das Intelligenteste, aber ...

... es funktioniert.

Die Sperre ist weg, und ich komme endlich ins Internet. Nach seinem Idiotenkaiser-Account brauche ich nicht lange zu suchen, der ploppt sofort auf, als ich den Browser öffne.

In den Videos sitzt ein Junge, der aussieht wie ich, vor einer Webcam. Er trägt ein Basecap, auf dem Idiotenkaiser steht, und damit sieht er – ehrlich gesagt – ziemlich bescheuert aus.

In der Statusleiste kann ich sehen, dass er tatsächlich, schon fast eine Million Follower hat. Sein Postfach ist voll mit Wünschen und Grüßen, weil er, also ich, doch so krank war. Seine Fans drücken ihm die Daumen, dass er schnell wieder auf Sendung gehen kann, und schicken ihm lauter süße Emojis und GIFs, in denen rosa Schweine viel Glück und alles Gute wünschen.

Ich springe von der Nachrichtenleiste in sein Video-archiv. In den meisten seiner Postings macht er sich einfach zum Idioten, und das finden die Leute offenbar sehr lustig. Ich auch, denn das sind alles so Quatschvideos, und am besten beschreib ich einfach mal ein paar davon, damit ihr euch vorstellen könnt, was Idiotenkaiser im Internet so treibt.

I) Die Bananenschleuder

Idiotenkaiser hat eine reife, sattgelbe Banane auf

seinen Schreibtisch gelegt und benutzt sie als Katapult, um damit bunte Cupcakes an die Decke seines Zimmers zu schießen.

Ich schaue nach oben und kann die Fettflecken an der Decke noch gut erkennen. Genauso wie die Spuren der zerquetschten Banane auf der Schreibtischplatte vor mir.

2) Der Zoobesuch

Idiotenkaiser ist im Zoo, klettert über einen Zaun, watet durch einen Wassergraben und rennt, so schnell er kann, einmal quer durch das Elefantengehege. Dabei schreit er die ganz Zeit: „Ich bin Tarzan! Wo ist Jane? Ich bin Tarzan! Wo ist Jane?" Im Hintergrund brüllt eine andere Stimme – ich glaube, es ist die von Salah: „Achtung, die Wärter kommen!" Aber da hat Idiotenkaiser schon die andere Seite des Geheges erreicht, watet wieder durch den Graben und verschwindet über den Zaun in Richtung Affenhaus, wo er meiner Meinung nach auch hingehört.

Das war nämlich nicht nur saugefährlich, sondern auch ziemlich blöd. Es sind nämlich indische Elefanten da in dem Zoo. Das erkenne ich an den kleinen Ohren, und Tarzan hat schließlich in Afrika gelebt, wo die Elefanten viel größere Ohren haben.

3) Das Unboxing-Video

Idiotenkaiser hat von irgendeiner Firma ein riesiges

Paket mit Werbegeschenken bekommen. Er steht davor und erzählt, dass er es gleich öffnen wird und dass er schon wahnsinnig neugierig ist, was da drinnen ist. „Aber diesmal machen wir es anders", spricht er in die Kamera. „Statt einem Unboxing-Video machen wir jetzt ein Boxing-Video."

Leo hört erst auf, als der Karton ganz kaputt und überall verbeult ist. Dann öffnet er ihn und holt die Scherben einer Tasse mit dem Aufdruck „Idiotenkaiser" heraus.

„Mist, das war das falsche Paket. Die Tassen wollte ich eigentlich unter euch verlosen", sagt er und wühlt in den Scherben. „Egal, verlose ich eben ein Puzzle. Einfach unten 'Gefällt mir' klicken, dann könnt ihr eines meiner exklusiven Tassenpuzzles gewinnen."

4) Die Schokokuss-Challenge

Idiotenkaiser hat im Supermarkt zwanzig große Schachteln Schokoküsse gekauft, die er nun versucht, heil nach Hause zu bringen. Aber weil die Kartons übereinandergestapelt sind, sieht er nicht, wo er hinfährt. Er hat nämlich sein Skateboard dabei und rast quasi blind mit den Schokoküssen vor seinem Gesicht den Bürgersteig entlang. Eine Stimme lenkt ihn mit „Rechts"- und „Links"-Rufen. Ich nehme an, das ist

wieder Salah, der das alles auch filmt. Aber Salah macht sich einen Spaß daraus, Idiotenkaiser

falsch zu führen, sodass er abwechselnd gegen Haus-
wände und parkende Autos knallt. Trotzdem gelingt es
ihm irgendwie, die vielen Schachteln in der Balance zu
halten. Alles geht gut, bis ihm dann ein Kinderwagen in
die Quere kommt. Die Hälfte der Schokoküsse landet
auf der Straße, und die andere kippt in den Wagen.
Das macht dem Baby weniger aus als der Mutter,
die wild zu schimpfen beginnt, während sich ihr kleiner
Liebling die zermatschten Schokoküsse in den Mund
schaufelt.

5) Der Geist aus der Tonne
Idiotenkaiser klettert in einen Container, der in einem
Hinterhof steht. Salah hilft ihm und schüttet ihm
sogar noch ein bisschen Müll über den Kopf, damit er
gut getarnt ist. Dann schließt Salah den Deckel des
Containers und versteckt sich hinter einer Mauer. Eine
Weile passiert gar nichts, aber dann kommt eine alte
Frau. Unter dem linken Arm trägt sie einen kleinen
Hund und in der rechten Hand eine Mülltüte.
Sie öffnet den Containerdeckel und da ...

BUHUU

Die arme Frau kriegt fast einen Herzinfarkt, so sehr erschreckt sie sich. Ihr Hund fängt an zu kläffen und strampelt sich frei. Idiotenkaiser springt aus dem Container und läuft zusammen mit Salah weg, der Hund bellend hinterher. Die beiden rennen, als würden sie von einem Tiger verfolgt. Dabei ist der Hund wirklich sehr klein, eher winzig.

Ich glaube, das reicht, um sich vorstellen zu können, was für eine Art Videokanal Idiotenkaiser betreibt. Es ist echt erstaunlich, wie viele Leute sich diesen Mist anschauen und seine Beiträge mit fetten Lach-Emojis liken. Würde ich auch, wenn ich zu Hause vor meinem Rechner sitzen würde. Und gleichzeitig würde ich denken: „Was für ein Idiot!"

Ich habe genug gesehen und suche nach dem Blog von #Weltenretterin. Die beiden scheinen ja ein irgendwie angespanntes Verhältnis zu haben. Ich surfe auf ihre Seite und ... erschrecke mich mindestens so sehr wie die alte Dame mit der Mülltüte grade eben. #Weltenretterin sieht fast genauso aus wie Miriam. Sie ist Miriam. So wie Salah auch Masud ist und ich der Idiotenkaiser. Zumindest in dieser Welt hier.

Es braucht eine Weile, bis ich mich wieder beruhigt habe und zuhören kann, was sie sagt. #Weltenretterin sitzt in einem Baumhaus und erzählt, dass der Baum bald gefällt werden soll, sie das aber niemals zulassen wird. Ich werfe einen Blick auf ihre Klickzahlen. Die sind nicht schlecht, wenn auch lange nicht so gut wie die von Idiotenkaiser.

„Und ich bitte euch, benutzt euren Kopf, lasst euer Gehirn nicht zumüllen von Leuten wie Idiotenkaiser. Das ist der größte Volltrottel, den ich kenne. Der hat nichts als Quatsch im Kopf, also seht euch den Blödsinn lieber nicht an, den der da postet."

Das ist nicht besonders klug von ihr. Wenn mir jemand

so etwas sagen würde, wäre ich schneller auf der Seite von Idiotenkaiser, als #Weltenretterin „Bio" sagen kann. Aus reiner Neugierde, ist doch klar.

Aber muss ich ja nicht, ich kenne seine Seite ja schon. Stattdessen schaue ich mir lieber noch ein paar Videos von ihr an, und es ist echt verblüffend, wie ähnlich sich #Weltenretterin und Miriam sehen. Mal abgesehen von den Haaren. Miriam hat lange glatte Haare und #Weltenretterin so wilde Dreadlocks.

In ihren Postings geht es fast nur um ernste Dinge wie Frieden und Umwelt. Einmal zeigt sie sogar ein Video von einem Eisbären, der genauso aussieht wie der hungrige Kerl, der mich in der Arktis fressen wollte.

#Weltenretterin und Idiotenkaiser sind völlig verschieden, und wenn sie mal in einen Container kriechen würde, dann bestimmt nicht, um alte Omas zu erschrecken. Sondern höchstens, um auf dem Parkplatz eines Supermarktes nach Dosen, Obst und Gemüse zu suchen, die dort gelandet sind, obwohl man die noch gut essen könnte.

Draußen auf dem Flur höre ich Schritte. Ich schalte den Monitor aus, springe ins Bett und decke mich mit der Bayern-Decke zu. Kurz darauf geht auch schon die Tür auf.
„Er schläft", sagt meine Mutter.
„Dann ist er morgen bestimmt wieder fit", sagt mein Vater.
Danach stehen sie in der offenen Tür und schauen mir beim Schlafen zu. Ich versuche, möglichst gleichmäßig zu atmen, damit sie nicht merken, dass ich nur so tue. Keine Ahnung, wie lange meine Eltern dort stehen, denn irgendwann schlafe ich wirklich ein.

7.
Nicht von schlechten Eltern

Ich wache auf, weil es plötzlich ganz herrlich nach
frischen Brötchen und Kaffee riecht. Nicht, dass ich

Kaffee trinken würde, aber ich rieche ihn
gern. Außer der leckeren Suppe
gestern habe ich schon ewig nichts
mehr gegessen, und ich höre
meinen Magen knurren.

Ich richte mich im Bett auf und erschrecke fürchterlich,
weil ich von Manuel Neuer angestarrt werde.
Es ist aber nur ein Poster, das sich Idiotenkaiser an
die Wand gehängt hat. Es wird wirklich höchste Zeit,
dass ich hier mal ordentlich aufräume und das ganze
rot-weiße Zeug rausschmeiße.
Bevor ich in die Küche gehe, schaue ich kurz in den
Rechner. Die Genesungswünsche haben sich seit gestern
Abend noch mal verdoppelt.

Auch bei #Weltenretterin hat sich was getan. Sie hat mein Unboxing/Boxing-Video geteilt und regt sich fürchterlich über die Verschwendung und sinnlose Zerstörung auf. Da hat sie natürlich völlig recht, aber das kann ich ja schlecht schreiben. Also schreibe ich lieber gar nichts und fahre den Rechner wieder runter.

Meine Eltern haben die Tür angelehnt gelassen, das ist gut, da brauche ich die Klinken nicht anzufassen und kann sie einfach mit der Schulter aufstoßen. Ich bin neugierig auf das Gespräch mit dem Mann, der Idiotenkaiser ganz groß rausbringen will, und da wäre es ja doof, wenn ich plötzlich wieder am Nordpol landen würde. Gerade jetzt, wo es hier spannend wird.

Die Küchentür ist auch offen, und als ich das Zimmer betrete, schauen meine Eltern von ihren Zeitungen auf. Also richtige Zeitungen aus Papier und nicht auf dem Tablet oder so.

„Oh, wie schön, dass es dir wieder besser geht." Meine Mutter springt auf und nimmt mich in den Arm.

„Jetzt lass den Jungen doch mal in Ruhe, du erdrückst ihn ja", sagt mein Vater und zwinkert mir verschwörerisch zu, weil er gemerkt hat, dass mir die Umarmung unangenehm ist. Ich kenne die Frau ja quasi gar nicht. „Setz dich erst mal hin und iss was."

Mein Vater legt die Zeitung zur Seite und schenkt mir einen großen Becher mit Kaffee ein. Offenbar mag Idiotenkaiser Kaffee.

Ich nippe an der bitteren Brühe und muss mich sehr beherrschen, nicht mein Gesicht zu verziehen.

„Ich finde ja nicht gut, dass er in seinem Alter schon Kaffee trinkt", mischt sich meine Mutter ein und setzt sich auf den freien Stuhl neben mich. „Na ja, Hauptsache, dir schmeckt es, Leo-Mäuschen."

Bei Leo-Mäuschen verschlucke ich mich und muss husten.

Meine Eltern schimpfen überhaupt nicht wegen der Sauerei, sondern sehen sich besorgt an.

„So richtig gut geht es dir wohl immer noch nicht, Leo-Mäuschen", sagt meine Mutter, und da bin ich froh, dass ich keinen Kaffee mehr im Mund habe.

„Frühstücke erst mal was, das wird dir guttun", sagt mein Vater.

Erst jetzt bemerke ich, wie toll der Frühstückstisch gedeckt ist. Es ist alles frisch, und ich wette, das meiste davon ist Bio: Obst, Brötchen, Marmelade, Honig, Müsli, Rührei, Orangensaft und Schokoaufstrich. Idiotenkaiser hat echt Glück gehabt mit seinen Eltern. Die lassen mich jetzt sogar in Ruhe frühstücken und lesen in ihren Zeitungen weiter, um mich beim Essen nicht zu stören.

„Hast du gelesen?", sagt meine Mutter zu meinem Vater. „Am Nordpol schmilzt das Eis jetzt immer schneller."

„Und am Südpol ist es auch nicht besser", erwidert mein Vater und tippt auf seine Zeitung. „Da geht es genauso flott, steht hier in dem Artikel."

„Die armen Eisbären", sage ich und denke dabei vor allem an einen ganz bestimmten.

„Am Südpol gibt es keine Eisbären, Leo", sagt meine Mutter, und das sagt sie so, als wenn sie es mir schon tausend Mal erklärt hätte.

„Ich weiß, aber den armen Pinguinen geht es ja dann auch nicht besser", erwidere ich. „Wenn das Meer dort wärmer wird, kommen die Fische nicht mehr dorthin, von denen die Pinguine leben. Und dann haben die echt ein Problem, die können ja schlecht woanders hinfliegen, sind ja Pinguine."

„Und das alles nur, weil die Politik und die Wirtschaft nichts dagegen tun. Aber eigentlich sind wir ja selbst schuld, weil wir so viel Mist kaufen."
Okay, das ist nicht alles auf meinem Mist gewachsen. Das hat #Weltenretterin gestern in ihrem Video so ähnlich gesagt.
Meine Eltern starren mich an, als wäre das gerade das Klügste gewesen, was ich seit meiner Geburt von mir

gegeben habe. Und wenn ich mir die Videos von Idiotenkaiser so angucke, stimmt das wahrscheinlich sogar.
„Ist doch so, oder?", schiebe ich hinterher, weil mich
ihre irritierten Blicke nervös machen.

„Du hast dich doch sonst nicht für die Umwelt interessiert", sagt meine Mutter, und mein Vater sagt: „Und
für Politik schon gar nicht."

„Aber das geht uns doch alle an", erwidere ich. „Da
müssen wir doch was tun."

Meine Eltern wirken immer noch ganz verstört.

„Ich habe immer gewusst, dass du irgendwann zur
Vernunft kommst und dich nicht mehr nur für deinen
Computer interessierst." Meine Mutter sieht richtig
glücklich aus.

„Vielleicht war es die Krankheit, vielleicht hat die dich
zur Besinnung gebracht, könnte doch sein", sagt mein
Vater.

Die beiden schauen sich an, dann nickt meine Mutter
unmerklich, und mein Vater greift in eine Küchenschub-
lade. Da holt er ein Smartphone mit einer Bayern-
Schutzhülle heraus.

„Hier, dein einkassiertes Handy. Du weißt ja, wegen der Sache mit der armen Frau Müller, die du bei den Mülltonnen so erschreckt hast." Mein Vater reicht mir das Gerät. „Und den Internetzugang für den Computer schalten wir dir auch wieder frei, damit du dich weiter über die Klimaerwärmung informieren kannst."

„Danke", murmele ich, ohne ihm zu verraten, dass Idiotenkaiser das mit dem Internetzugang für seinen Computer schon selbst gelöst hatte. Er hat ja nicht umsonst eine Zwei in Informatik.

Bei dem Handy habe ich gar kein Problem mit dem Passwort, das kann ich einfach mit meinem Zeigefinger entsperren. Ich bin schließlich Leo, der Idiotenkaiser, und das bedeutet, dass wir auch die gleichen Fingerabdrücke haben.

Meine Eltern stören mich nicht, während ich durch das Smartphone navigiere. Sie sind immer noch unglaublich glücklich, weil ich vorhin ausnahmsweise mal was Kluges gesagt habe.

Die Millionen von neuen Nachrichten in den verschie-

denen Gruppen meines Smartphones ignoriere ich
einfach. Es würde Jahre dauern, bis ich rauskriege,
wer da wer ist und welche von den Meldungen wirklich
wichtig ist und welche nicht. Im Zweifelsfall keine
einzige.

Stattdessen konzentriere ich mich auf die persönlichen
Nachrichten, das sind nicht so viele, eigentlich nur eine,
und die ist von Salah.

Würde ich ja
gerne, wenn
ich nur
wüsste
wo.

HOL MICH ZU HAUSE AB.

"Was hast
du heute denn
noch vor?", erkundigt
sich meine Mutter.
"Ich bin mit Masud, äh,
Salah verabredet", antworte ich. "Ich geh gleich bei
ihm vorbei."

„Da hast du es ja nicht weit", sagt mein Vater, aber so richtig weiter hilft mir das auch nicht.

Nicht weit kann alles bedeuten.

„Wie lang brauche ich denn ungefähr?", frage ich.

Meine Eltern sehen sich an und lachen.

„Wenn du unterwegs die ganze Zeit auf dein Handy schaust, etwa eine halbe Stunde", sagt meine Mutter.

„Ohne das Ding schaffst du es in zwanzig Sekunden in den zweiten Stock zu Salah runter."

„Ach ja, stimmt", nuschele ich. „Hatte ich glatt vergessen, muss an der Krankheit liegen. Ich mach mich dann auch auf den Weg."

„Willst du nicht noch was frühstücken?", fragt meine Mutter.

„Nein, bin schon satt. Bis später!", antworte ich und gehe in den Flur. Vor der Wohnungstür bleibe ich stehen, die ist nämlich zu, und ich habe nicht die Absicht, sie zu öffnen und danach wieder bei der Stock-Lady oder dem hungrigen Eisbären zu landen.

„Könnt ihr mal kurz gucken", rufe ich Richtung Küche. „Ich glaube, die Tür klemmt."

Mein Vater kommt und öffnet die Tür problemlos. „Verstehe ich nicht, eben hat sie noch geklemmt", schwindele ich. „Aber danke."

„Kein Problem, ich schaue mir das nachher noch mal in Ruhe an", sagt mein Vater und klopft mir zum Abschied auf die Schulter. „Viel Spaß euch und daddelt nicht so viel."

Idiotenkaiser hat echt Glück gehabt mit seinen Eltern. Die mit ihrem Sohn eher weniger.

Ich laufe die Treppen runter und stehe vor zwei Türen, die vom Treppenhaus abgehen. An keiner der beiden hängt ein Namensschild, und deswegen weiß ich nicht, bei wem ich klingeln muss. Vor hundert Jahren hätte ich beide ausprobieren müssen. Heute brauch ich das nicht mehr.

Heute schau ich mir einfach die Namen der WLAN-Netze an. Es gibt genau zwei, die ich hier im Hausflur empfangen kann. Gehe ich zur rechten Tür, wird der Empfang von „kabelfreiesinternetznurfürdeutsche" stärker, gehe ich zur linken habe ich besseren

Empfang von „nazisrausausdemhaus", auch wenn das
Netz dort ziemlich schwach ist. Da ist ja wohl klar, wo
Salah wohnt.

Ich klingele, aber es dauert eine Weile, bis Salah mir
öffnet. Fast hätte ich ihn nicht erkannt. Er trägt einen
blauen Anzug, der ihm viel zu groß ist, und hat sich die
Haare gegelt.

„Was soll der bescheuerte Aufzug?", frage ich
überrascht.

„Ich bin dein Manager, da muss ich auch aussehen wie
einer, du Fashion-Loser", erklärt Salah. „Der Anzug
gehört meinem großen Bruder, der trägt den am
Wochenende, wenn er abends in einen Club geht."
„Das ist aber nett, dass er dir den geliehen hat."
„Von wegen geliehen, der bringt mich um, wenn er
mich darin erwischt. Wo ist deine Mütze?"
„Was für eine Mütze?"
„Siehst du, genau dafür brauchst du einen Manager.
Zum Glück habe ich noch eine." Salah verschwindet in
der Wohnung und kommt kurz darauf mit einem roten
Basecap zurück. Er drückt mir die bescheuerte Mütze

mit dem Aufdruck „Idiotenkaiser" auf den Kopf und sagt:
„Und jetzt los, sonst
kommen wir noch zu
spät."

8.
Geschäftstermin

Das Hotel, in dem der Mann uns treffen will, liegt direkt am Brandenburger Tor. Wir nehmen den Bus. Busse sind super, da gehen die Türen immer von allein auf, und zum Glück ist ja Salah mit dabei. Ich bin das erste Mal in Berlin, und ich habe keine Ahnung, welche Linie wir nehmen müssen. Es ist eine, auf der Doppeldeckerbusse fahren. Wir gehen nach oben, und ich drücke mir die Nase an der Scheibe platt, weil es draußen so viel zu sehen gibt.

„Benimm dich nicht wie ein blöder Touri", zischt Salah mir zu. „Schau lieber mal nach vorne."

Drei Reihen vor uns sitzen zwei Mädchen, die sich immer wieder zu uns umdrehen und dann albern zu kichern anfangen.

„Siehst du, der Anzug macht Eindruck", sagt Salah. „Die beiden stehen auf mich."

„Quatsch, die meinen mich", antworte ich und tippe an meine Kappe. „Das sind bestimmt Fans von mir."
Irgendwann steigen die Mädels aus und winken mir zu, so schüchtern, wie man Stars eben zuwinkt, wenn man sich nicht traut, sie anzusprechen.
„Wir sehen uns Montag in Mathe", ruft eine Stimme hinter uns, und als Salah und ich uns umdrehen, sitzt da so ein typischer Mädchenschwarm: braune lockige Haare, sanfte Augen, selbstsicheres Lächeln.

Am Brandenburger Tor müssen wir raus, und ich kann mich gar nicht sattsehen, weil das so oft im Fernsehen gezeigt wird und ich es jetzt zum ersten Mal live sehe. Oben auf dem Tor ist eine Frau mit so einem römischen Streitwagen, der von vier Pferden gezogen wird. Die Frau hat ein bisschen Ähnlichkeit mit Miriam und damit auch mit #Weltenretterin.

„Jetzt hör schon auf, die blöde Kutsche anzustarren. Wir nehmen eines von denen", sagt Salah und zeigt auf eine Reihe von wartenden Taxis, die am Straßenrand stehen. „Sonst kommen wir noch zu spät."

„Aber das ist doch schon da vorne", erwidere ich, weil das Hotel keine hundert Meter von uns entfernt ist.

„Stimmt, du Klugscheißer, aber es macht mehr Eindruck, wenn wir mit dem Taxi vorfahren", erklärt Salah. „Vertrau mir einfach, schließlich bin ich dein Manager."

Wir müssen fünf Taxifahrer fragen, bis wir einen finden, der bereit ist, uns die paar Meter zu fahren. Und das tut er auch erst, als Salah ihm sagt:

„Ich habe da ein Date, und ich möchte die Kleine beeindrucken."

„Mit dem Anzug bestimmt nicht", brummt der Fahrer, bringt uns aber für fünf Euro trotzdem bis direkt vor den Eingang.

„Zahl du mal schnell", sagt Salah und springt aus dem Wagen.

Aber das ist gut, denn während ich in meinen Taschen nach Münzen suche, kommt ein Mann vom Hotel in einer komischen Uniform angelaufen und öffnet mir die Taxitür. Das gehört zum Service eines Luxushotels wohl dazu, und so brauche ich sie nicht selbst zu öffnen. Derselbe Mann zeigt uns auch den Weg zu einer großen Drehtür, die ins Hotel führt. Ich habe keine

großen Erfahrungen mit Drehtüren und weiß nicht,
ob die für mich auch gefährlich sein können. Deshalb
lasse ich lieber Salah den Vortritt. Sicher ist sicher. Es
passiert aber nichts, und als uns die Drehtür wieder
ausspuckt, stehe ich tatsächlich in der Eingangshalle des
Hotels und nicht am Nordpol oder so.
Drinnen werde ich von dem Luxus fast erschlagen.
Überall ist Marmor und Gold, und das Dach über der
Eingangshalle ist kein normales Dach, sondern eine
bemalte Glaskuppel mit Adlern und geflügelten Löwen.
Weil ich nach oben gucke, reiße ich fast einen riesigen
Tisch um, auf dem eine große Vase mit Blumen steht.

„Da vorne, das ist er. Ich habe ihn gegoogelt." Salah stößt mich in die Seite und zeigt auf einen Glatzkopf, der in einem tiefen blauen Sessel sitzt. „Und ab jetzt überlässt du mir das Reden. Vergiss nicht, ich bin dein Manager."

Der Mann in dem Sessel starrt die ganze Zeit auf ein Tablet, das neben einer Tasse Kaffee vor ihm auf einem Glastisch steht. Da hätten wir uns das mit dem Taxi auch sparen können. Das hat der nämlich gar nicht mitgekriegt.

„Entschuldigen Sie ...", spricht Salah ihn an.

„Ja, ich nehme gern noch einen Kaffee", sagt der Mann, weil er Salah für einen Kellner hält.

„Nein, nein, wir haben einen Termin", erklärt Salah in geschäftsmäßigem Ton. „Wir sind gerade mit dem TAXI vorgefahren."

Das mit dem Taxi sagt er ein bisschen zu laut. Der Mann schaut überrascht auf und erhebt sich aus seinem Sessel.

„Aber natürlich, freut mich, euch kennenzulernen." Erst schüttelt er Salah die Hand, dann wendet er sich mir

zu. „Mein Name ist Bauerländer, und ... du ... bist
... sicher ... Idiotenkaiser... richtig?"

Den letzten Satz spricht er extra ganz langsam, so als
wäre ich völlig bescheuert und könnte nur so verstehen,
was er mir sagen will. Na ja, er kennt mich ja nur aus
den Internetvideos, und da kann ich ihm das nicht mal
übel nehmen.

„Setzt euch, setzt euch doch, meine Bros!"

Ich hasse es, wenn alte Leute versuchen, so zu reden,
als wären sie fünfzehn. Das ist so uncool!

Während wir uns setzen, winkt Bauerländer einen
Kellner heran und bestellt einen neuen Kaffee für sich
und zwei Energy-Drinks für uns. „Das trinkt ihr jungen
Leute doch, oder? Damit ihr hellwach seid, wenn wir
über Geschäfte sprechen."

Die meiste Zeit redet er nur mit Salah. Wahrscheinlich denkt er, ich verstehe nicht, wovon er spricht,
und er redet wirklich viel und schnell. So als wenn
er selbst schon zehn Energy-Drinks intus hätte. Mir
macht das nichts aus, weil ich mich nach einem
Fenster umschaue, durch das ich das Brandenburger

Tor sehen kann. Es gibt aber keine Fenster, deswegen starre ich auf den Glastisch, in dem sich
das Kuppeldach spiegelt, und zähle die Löwen und
Adler da oben. Es sind genau sechzehn. Außerdem
gibt es noch einen Brunnen mit zehn schwarzen
Marmorelefanten.

„Eure Seite hat Potenzial, das könnt ihr mir glauben.
Der Name Idiotenkaiser ist echt genial und die Videos
so richtig schön doof, das mögen die Leute. Lange
Rede, kurzer Sinn: Ich kann euch reich machen. So wie
die anderen."

„Welche anderen?", fragt Salah.

„Da darf ich nicht drüber reden, aber nennt einfach die
Namen eurer liebsten Internetstars, und wenn ich die
unter Vertrag habe, nicke ich."

Er nickt bei jedem
Namen, den wir
nennen, auch bei
den ganz berühm-
ten, da nickt er
sogar doppelt.

UND
#WELTENRETTERIN?

„Hey, du kannst ja sogar richtig lange Wörter ausspre-
chen. Hätte ich dir gar nicht zugetraut", erwidert er,
dann schüttelt er den Kopf.
Das hätte mich auch überrascht, weil das so gar nicht
zu ihren Videos gepasst hätte.
„Und wie machen Sie uns reich?", will Salah wissen.
„Werbung, was sonst, meine Bros. Ich verkaufe die
Werbezeiten vor und nach euren Videos und vielleicht
sogar dazwischen", erklärt Bauerländer. „Idiotenkaiser
könnte sich ja mal im Supermarkt nur mit einer Ba-
dehose an in eine Kühltruhe mit Tiefkühlpizzas einer
bestimmten Marke setzen, um zu gucken, wie lange
er es da aushält. Das würden wir uns natürlich von der
Pizzafirma bezahlen lassen, ist doch logisch."
„Und was wollen Sie dafür? Sie machen das doch nicht
um...", will ich wissen, aber bevor ich zu Ende reden
kann, tritt mir Salah gegen mein Schienbein und zischt:
„Ich habe doch gesagt, das Reden übernehme ich,
Idiotenkaiser."
Bauerländer grinst, weil er das natürlich mitbekommen
hat, und greift nach seiner Kaffeetasse.

„Und was springt für Sie dabei raus?", fragt Salah, und ich wette, den Satz hat er in irgendeiner Netflix-Serie aufgeschnappt.

„Ich kriege ein Viertel von all euren Einnahmen." Bauerländer stellt die Tasse wieder ab und hält Salah die Hand hin, damit er in das Geschäft einschlagen kann.

Aber so dumm ist Salah nicht.

Der will erst noch verhandeln, deswegen zögert er einen ewig langen Moment, bevor er ebenfalls seine Hand ausstreckt.

Doch ist er, sogar noch viel dümmer, als ich gedacht habe.

Noch bevor ich jetzt Salah gegen das Schienbein treten kann, hat Bauerländer schon seine Hand ergriffen. Er hört gar nicht mehr auf, sie zu schütteln, und brüllt dem Kellner zu: „Vergessen Sie den Kaffee und die Energy-Drinks und bringen Sie uns stattdessen drei Gläser Champagner, das muss gefeiert werden."
Dann fällt ihm ein, wie alt wir sind, vielleicht will er auch nur sparen, jedenfalls korrigiert er seine Bestellung und ruft: „Ein Glas Champagner und zwei Selters für meine beiden Bros hier."

„Eine Sache noch", sagt Bauerländer, als wir alle aus-getrunken haben, er seinen Champagner und wir unser Wasser. „Ihr müsst natürlich nach Köln umziehen. Da bringe ich euch auf der großen Convention nächste Woche ganz groß raus, das verspreche ich euch."
„Wir können doch nicht einfach umziehen!", rufe ich.
„Klar, könnt ihr. In Köln wohnen alle, die im Internet mit ihren Filmchen erfolgreich sind. Ganz egal, ob mit

Schminktipps, Kochrezepten und sogar die komischen Vögel, die Bücher empfehlen. Ich habe da extra ein Haus gekauft für Genies wie euch, und es gibt sogar einen Privatlehrer, der euch hilft, damit ihr wenigstens den Hauptschulabschluss schafft. Ihr müsst euch das wie eine große Wohngemeinschaft vorstellen, nur dass ihr nicht putzen müsst. Dafür habe ich Leute eingestellt, und der Kühlschrank ist auch immer voll."

Salah scheint die Idee zu gefallen, das sehe ich ihm an. Aber ich kann mir nicht vorstellen, dass meine fürsorglichen Eltern mich einfach so nach Köln ziehen lassen.

„Das lassen meine Eltern niemals zu", sage ich.

Bauerländer starrt mich an, als wäre er immer noch überrascht, dass ich in vollständigen Sätzen sprechen kann.

„Das lass mal meine Sorge sein, Bro", antwortet er. „Ich komme heute Abend bei euch vorbei, dann erkläre ich es ihnen. Eine Frage noch: Kennen deine Eltern deine Seite? Sind die viel im Internet unterwegs?"

„Nein, die lesen Zeitungen, so richtig aus Papier, und wenn sie mal ins Internet gehen, dann höchstens, um bei Wikipedia was nachzugucken", antworte ich.

„Krass, dass es so was noch gibt", wundert sich Bauerländer. „Aber für uns ist es perfekt."

Als wir das Hotel verlassen, nehmen wir wieder die Drehtür. Wir sind schon fast draußen, da ruft Bauerländer uns nach: „Hey, Bros. Ihr habt vergessen zu bezahlen. Zwei Wasser, das macht hier fünfzehn Euro."

Ich schlucke, und Salah geht es auch nicht besser.
FÜNFZEHN EURO für zwei Glas Wasser!
Bauerländer hält sein Laptop hoch und macht ein Foto
von uns. „War ein Witz, aber ihr hättet eure Gesichter
sehen müssen! Natürlich bezahl ich die Rechnung, damit
ihr seht, dass ich an euch glaube." Dann legt er das
Laptop zurück auf den Tisch und ruft Salah zu: „Aber
wenn ihr euer erstes Geld verdient habt, kaufst du dir
einen vernünftigen Anzug, Bro. Einen, der dir auch
passt. Verstanden?!"
Und wenn ihr mich fragt, ist das der vernünftigste
Satz, den Bauerländer
während der
ganzen Zeit
gesagt hat.

9.
Zurück im Eis

„Echt?", fragt Salah.

„Echt! Ein Viertel sind fünfundzwanzig Prozent, und ein Drittel sind dreiunddreißig Prozent. Das sind fast zehn Prozent mehr, als Bauerländer gefordert hat."

„Woher weißt du so was plötzlich? Du warst doch in Mathe immer noch viel schlechter als ich." Salah sieht mich irritiert an, während ich auf unserer Rückfahrt weiter aus dem Busfenster schaue. Wenn ich schon mal in Berlin bin, will ich möglichst viel davon mitkriegen, und gerade fahren wir am Fernsehturm vorbei.

„Hast du dir im Netz irgendwelche Tutorials reingezogen, du Rechen-Gigant?", fragt Salah.

„Das weiß man einfach, vor allem wenn man Manager sein möchte. Aber egal, das klappt sowieso nicht."

„Was klappt nicht?"

„Die Sache mit Köln. Ich hab doch schon gesagt, das erlauben meine Eltern niemals." Da bin ich mir nämlich ziemlich sicher, so gut kenne ich die beiden schon.

„Ach was, das schafft unser Bro schon, die zu überreden", widerspricht Salah. „Meine lassen mich sofort gehen, wenn ich ihnen jeden Monat anständig Kohle schicke."

Dabei ist die Idee mit dem Umzug gar nicht so übel. In Köln kenn ich niemanden, und niemand kennt mich. Da gibt es keine peinlichen Situationen, wie sonst so oft auf meinen Tür-Reisen. Nämlich immer genau dann, wenn mich wer anspricht, mit dem ich vielleicht schon ganz tolle Sachen erlebt habe, von denen ich aber keinen blassen Schimmer habe, und ich grüße ihn deswegen nicht mal. So was passiert mir auf meinen Reisen ständig. Deswegen habe ich mir angewöhnt, immer einfach alle zu grüßen. Nur um sicherzugehen, dass ich niemanden beleidige.

„Los, wir müssen raus", sagt Salah.

„Hier?", frage ich, weil ich mir ziemlich sicher bin, dass wir auf der Hinfahrt an einer ganz anderen Haltestelle eingestiegen sind.

„Klar, hier ist ein Supermarkt", entgegnet Salah und zieht mich am Ärmel in den Laden. „Die haben bestimmt auch eine Kühltruhe. Deine Fans warten schon viel zu lange auf einen neuen Post von Idiotenkaiser."

„Spinnst du?"

Statt mir zu antworten, schnappt sich Salah einen der Einkaufswagen, die am Eingang stehen.

„Puh, und ich hatte schon gedacht, du willst das mit

der Kühltruhe wirklich durchziehen." Ich atme erleichtert durch, weil ich das wirklich befürchtet hatte. „Sag doch gleich, dass du nur was einkaufen willst."
„Will ich gar nicht", antwortet Salah.

Salah läuft direkt auf die Abteilung mit dem Tiefkühlzeugs zu. „Die Idee von Bauerländer ist doch super." Als wir die Truhen erreicht haben, schiebt Salah den durchsichtigen Deckel zur Seite und fängt an, die

Pizzakartons aus der Theke zu räumen, um da Platz zu schaffen.

„Dann steig du doch in das Eisloch da, wenn das so eine tolle Idee ist", sage ich.

„Würde ich ja, aber ich bin nun mal nicht Idiotenkaiser", erwidert Salah. „Das bist du. Und jetzt zieh dich aus."

„Was?"

„Mit Klamotten an macht das doch keinen Sinn, das kann jeder. Also stell dich nicht so an." Neben Salah stapeln sich die Pizzakartons jetzt schon zu einem Turm, der ihm bis zum Kinn reicht. „Das hat dir doch früher auch nichts ausgemacht."

Scheinbar kenne ich noch nicht genug bekloppte Videos, die Idiotenkaiser ins Netz gestellt hat, und offenbar gibt es da auch welche, auf denen ich nicht so viel anhabe.

„Was zum Teufel macht ihr da?" Eine Verkäuferin kommt den Gang entlang auf uns zugelaufen.

„Ich such nur nach meiner Lieblingspizza", erklärt Salah völlig unbeeindruckt. „Keine Sorge, ich räume sofort alles wieder zurück, wenn ich sie gefunden habe."

„Das will ich euch auch geraten haben." Die Frau zeigt mit ihrem Zeige- und Ringfinger erst auf ihre Augen und dann auf uns.

Dann zieht sie wieder ab, weil sie genau in dem Augenblick über die Lautsprecher an Kasse drei gerufen wird.

„Nun mach schon, du Warmduscher. Zieh dich endlich aus und schwing deinen Hintern da rein", fordert mich Salah auf und hält sein Handy hoch, damit er mich dabei filmen kann. „Du weißt doch: no kick, no klick."

Ich schaue mich um. Es ist gerade niemand da, und was habe ich schon zu verlieren? Kälter als am Nordpol kann es auch nicht sein, und zumindest gibt es hier keine hungrigen Eisbären. Und außerdem kenn ich hier ja niemanden, und deswegen muss mir das auch nicht peinlich sein.

„Aber meine Shorts behalte ich an", sage ich zu Salah und beginne, mich auszuziehen.

„Logisch, wir wollen im Netz ja nicht gesperrt werden", erklärt Salah. „Und jetzt beeil dich. Die Kamera läuft."

Ich ziehe meine Sachen aus, bis ich nur noch meine gepunkteten Shorts und die Idiotenkaiser-Kappe anhabe.

Das ist wirklich verdammt kalt da drinnen. Vor allem weil Salah darauf besteht, über mir die Plastikhaube zu schließen.

Ich kann mir jetzt schon die Kommentare vorstellen, die meine Fans unter das Video posten werden, und ich bin mir ziemlich sicher, dass das Wort „cool" ziemlich häufig darin vorkommen wird. Nach einer Weile fühlt es sich hier drinnen dann doch kälter an als am Nordpol, und das liegt bestimmt daran, dass ich nur meine Unterhose anhabe und keine warmen Felle wie auf dem Motorschlitten. Vor Kälte fangen meine Zähne an zu klappern, und an meinen Augenbrauen und an meiner Nase bilden sich Eiszapfen, echt wahr.

„Eine Minute hast du schon", ruft Salah, aber das höre ich nur gedämpft wegen des Deckels über mir. Vielleicht sind auch meine Ohren zugefroren, keine Ahnung. Meine Füße spüre ich überhaupt nicht mehr, und wenn ich noch eine Minute hier drinnen bleibe, müssen die wahrscheinlich amputiert werden.

„Seid ihr beiden jetzt völlig durchgeknallt?!" Es ist eine Mädchenstimme, die da draußen schreit. Kurz darauf schiebt jemand über mir den Deckel zur Seite. Wem die Stimme gehört, erkenne ich aber erst, nachdem ich die Eiszapfen an meinen Augenbrauen abgebrochen habe, um besser sehen zu können. Es ist #Weltenretterin. Fassungslos starrt sie abwechselnd mich und die Pizzakartons an, die auf dem Boden vor sich hin tauen. Abgesehen von der Frisur sieht sie Miriam in echt sogar noch ähnlicher als in den Videos.

„Das ist die totale Lebensmittelverschwendung!", brüllt sie. „Woanders hungern die Leute, und ihr Obertrottel lasst hier das Essen vergammeln."

Um mich scheint sie sich weniger Sorgen zu machen als um die tauenden Pizzas.

„Reg dich ab, wir räumen das später alles wieder rein", versucht Salah, sie zu beruhigen.

„Später ist zu spät", brüllt sie und fängt an, die Kartons wieder zurück in die Kühltruhe zu werfen. Direkt auf mich drauf.

„Aua!", rufe ich, weil das wirklich wehtut. So sehr aufgetaut sind die nämlich noch gar nicht. Ganz im Gegenteil, die sind immer noch knallhart.

„Was ist denn hier los?", höre ich die Verkäuferin rufen.

Das Geschrei von #Weltenretterin muss sie von Kasse drei weggelockt haben.

„Schnell weg hier", schreit Salah, und das ist eine verdammt gute Idee. Geht aber leider nicht, weil ich meine Beine kaum bewegen kann.

„Ich bin gelähmt!", brülle ich und versuche, mich mit meinen Händen aus der Truhe zu ziehen. Das klappt aber erst, als Salah mir unter die Arme greift und mich in den Einkaufswagen packt, während #Weltenretterin immer noch damit beschäftigt ist, die Pizzas zurück in die Truhe zu werfen. Dabei achtet sie ganz besonders darauf, dass die Bio-Pizzas zuerst gerettet werden. Die Verkäuferin hat uns jetzt fast erreicht. Salah gibt Gas und sprintet mit dem Einkaufswagen und mir Richtung Ausgang.

Ich schaue mich um und sehe, dass #Weltenretterin die Verkäuferin für uns aufhält. Sie hat eine Packung Pizza Tonno in der Hand und beginnt eine Diskussion über die brutalen Fangmethoden von Thunfischen. Salah umkurvt geschickt eine alte Dame mit Rollator, die unseren Weg kreuzt. Das macht er wirklich gut, obwohl er nur eine Hand zum Lenken hat. Mit der anderen hält er immer noch das Handy, um das alles zu filmen. Mit Schwung brechen wir durch die Sperre am Ausgang und rasen hinaus auf die Straße. Wir haben es geschafft, wir haben es echt geschafft.

Das mit dem Jubeln hätte er besser nicht gemacht,
weil er dabei den Wagen loslässt und die Straße hier
ziemlich abschüssig ist. Der Einkaufswagen rast in einem
Höllentempo den Hügel hinunter, und ich kann nichts
tun, gar nichts, außer schreien.

Der Einkaufswagen wird immer schneller und schneller
und rollt direkt auf einen Brunnen zu, der am Ende der
Straße auf einem Platz steht. Knapp davor bleiben die
Räder an einer Bordsteinkante hängen, und ich werde
im hohen Bogen in das dreckige Wasser des Brunnens
katapultiert.

Als ich wieder auftauche, starrt mich eine Taube
vorwurfsvoll an, weil ich in ihrem Schwimmbecken bade.
Immerhin ist das Wasser schön warm, und ich spüre,
wie ich langsam wieder auftaue.

Salah beugt sich über das Wasserbecken und ruft völlig
begeistert: „Das war ganz, ganz großes Kino. Vor
allem dein Backflip in den Brunnen! Mega!"

„Danke", brumme ich.

„Es gibt da nur ein klitzekleines Problemchen,
Stuntman."

„Hast du meine Klamotten?"

„Dann gibt es zwei klitzekleine Problemchen. Deine Klamotten sind im Supermarkt liegen geblieben."

„Idiot, und was ist das andere Problem?"

„Wir müssen das noch mal drehen."

„Wie bitte?"

„Die Kamera hat nicht funktioniert. Ist aber nicht so schlimm, ich hatte eh vergessen, vorher die Pizzafirmen wegen Werbung und so anzurufen. Sorry, Bro, tut mir echt leid. Drehen wir es eben einfach noch mal, ist doch kein Thema für einen Profi wie dich."

10.
Retter der Menschheit

Natürlich machen wir das nicht. Für eine Wiederholung ist auch gar keine Zeit mehr, weil ich unbedingt vor Bauerländer zu Hause sein will, um meine Eltern auf seinen Besuch vorzubereiten. Salah filmt deswegen einfach, wie ich nur mit meinen nassen Shorts und meiner Basecap bekleidet quer durch Berlin laufe.

Ich bin ganz kurz davor, die nächste Ladentür aufzureißen und einfach abzuhauen. Egal wohin, Hauptsache, weg hier. Weil es so peinlich ist. Aber dann fällt mir wieder ein, dass ich hier ja niemanden kenne und dass es mir deswegen völlig egal sein kann, was die Leute von mir denken.

„Tolles Wetter heute, nicht wahr?"

„Ist Ihnen auch so heiß?"

„Mein Hemd und meine Hose sind leider gerade in der Wäsche."

„Es ist viel gesünder, wenn viel Luft an die Haut kommt."

„Meine Religion verbietet mir, tagsüber Kleidung zu tragen."

Das rufe ich den Leuten zu, die komisch gucken, und das macht richtig Spaß,

weil ich mich das in meinem richtigen Leben niemals trauen würde. Aber hier ist es egal, da kann ich mir alles erlauben,

und das fühlt sich schon klasse an.

Ich bin richtig gut gelaunt, als wir zu Hause ankommen, und natürlich lasse ich Salah unten an der Tür den Vortritt, damit ich die Klinke nicht anfassen muss.

„Ich stell das direkt mal online", sagt Salah und hält sein Handy hoch. „Das Material ist zwar nicht so spektakulär wie dein Stunt in den Brunnen, aber auch nicht übel. Das bringt ganz sicher ein paar Klicks."

„Mach, was du willst, du Mini-Manager", erwidere ich und laufe schnell die Treppe rauf.

Oben angekommen, klingele ich an der Tür. Ich muss gar nicht lange warten, da macht mein Vater mir auf und starrt mich überrascht an.

„Und wo sind deine anderen Sachen?", will er wissen,
als ich mich an ihm vorbeidrängeln will.

„Die habe ich jemandem gegeben, der sie dringender
braucht als ich", schwindele ich, weil ich mir gut vorstellen kann, dass ihm das gefallen wird.

„Oh!" Mein Vater sieht jetzt noch überraschter aus.

„Du hast übrigens Besuch."

„Ich?" Jetzt bin ich es, der überrascht guckt.

„Ja, ein Doktor Bauerländer. Der sitzt bei uns in der
Küche und erzählt komische Sachen über dich."

Zum Glück steht die Küchentür offen, da brauche ich
nicht zu warten, bis mein Vater die für mich öffnet.
Ich stürme in den Raum, und da sitzt er tatsächlich
schon am Küchentisch und trinkt mit meiner Mutter
eine Tasse Tee.

„Ah, da bist du ja", begrüßt mich Bauerländer, und er
ist der Einzige, der überhaupt nicht überrascht aussieht,
weil ich nur in Shorts vor ihm stehe.

Erst auf den zweiten Blick erkenne ich, dass er heimlich
unter dem Tisch sein Handy laufen hat und sich gerade
den neuen Beitrag von Idiotenkaiser anguckt. Ohne

dass meine Mutter es bemerkt, nickt er mir anerkennend zu.

„Stell dir vor. Unser Leo hat seine Kleider einem Ob-
dachlosen geschenkt", sagt mein Vater, der hinter mir
die Küche betritt.

„Wirklich?" Die Augen meiner Mutter strahlen vor
Stolz.

„Na ja, so ähnlich", wiegele ich ab und kriege ein
furchtbar schlechtes Gewissen.

„Ich habe doch schon gesagt, was für ein Goldstück
sie da mit ihrem Leo haben", sagt Bauerländer,
und dann wiederholt er noch mal, was er meinen
Eltern schon erzählt hat: Ich sei hochintelligent
und das Schicksal der Menschheit hinge von
meinem Genie ab. Deswegen sei es unverzichtbar,
dass ich in dieses streng geheime Institut nach Köln
ziehe, um dort mit den klügsten Köpfen der Welt
nach Lösungen für die drängendsten Probleme
unseres Planeten zu suchen. Er sei sich auch ziemlich
sicher, dass man mir später überall auf der Welt
Denkmäler bauen wird.

„Sind Sie sicher, dass Sie unseren Leo meinen?", fragt
meine Mutter.

„Der hat doch immer so schlechte Noten", sagt mein
Vater.

„Das ist ja oft so, dass hochbegabte Kinder nicht gut
in der Schule sind", erklärt Bauerländer. „Weil sie da
unterfordert sind. Glauben Sie mir, die Zukunft der
Erde könnte von Leo abhängen. Sie müssen ihn gehen
lassen, das sind Sie der Menschheit schuldig."

Bauerländer ist genial, und wenn er in seinem Job
genauso gut ist, hat er sich die dreiunddreißig Prozent

echt verdient. Er hat genau erkannt, wie er meine Eltern dazu bringen kann, mir den Umzug nach Köln zu erlauben. In eine Influencer-WG zu ziehen, hätten die bestimmt niemals erlaubt. Aber so glauben sie, dass sie sogar noch was Gutes tun, auch wenn es ihnen bestimmt nicht leichtfällt, mich gehen zu lassen.

„Was sagst du denn dazu, Leo?", will meine Mutter wissen.

„Na ja, mir bleibt wohl keine andere Wahl", stottere ich. „Das ist ja quasi meine Pflicht, wo es doch um die Zukunft der Menschheit und unseres Planeten geht." Meine Eltern schauen sich an, und ich kann sehen, dass sie beide schlucken müssen.

„Und er kommt sie ja auch besuchen", mischt sich Bauerländer ein. „Zwei Mal im Jahr."

„Es wäre total egoistisch von uns, dich nicht gehen zu lassen", sagt meine Mutter, und ich kann sehen, dass sie kurz davor ist zu weinen.

„Und in deinem leeren Zimmer könnte in der Zeit ein Obdachloser wohnen, wir wollten doch schon immer einen aufnehmen", sagt mein Vater. „Jetzt hätten wir Platz dafür, dann wäre Leo nicht der Einzige, der die Welt ein bisschen besser macht."

Mein Vater nimmt erst meine Mutter und dann mich in den Arm. Wir umarmen uns alle drei, während Bauerländer unter dem Küchentisch heimlich seine Mails checkt.

„Wann soll es denn losgehen?", fragt meine Mutter, ohne mich dabei loszulassen.

„Morgen früh schon mit dem Zug. Das ist nicht so umweltschädigend wie Fliegen", erklärt Bauerländer und steht auf. „Sie wissen doch, wie es um die Erde steht, da dürfen wir keine Zeit verlieren. Apropos keine Zeit, ich muss jetzt auch los."

„Ich bring Sie noch zur Tür", sage ich schnell, um mich aus der Umarmung befreien zu können. Ich habe ein furchtbar schlechtes Gewissen den beiden gegenüber, obwohl ich sie ja kaum kenne.

„Das ist nett, Leo", sagt Bauermeister und verabschiedet sich von meinen Eltern. „Sie haben ein ganz tolles Kind großgezogen, da können Sie stolz drauf sein, und danke noch mal für den Tee. Der war vorzüglich, selten etwas Besseres getrunken."

„Haben Sie wirklich einen Doktor?", frage ich, als wir vor der Wohnungstür stehen.

Bauerländer grinst, dann schüttelt er sich. „Oh Mann, wie ich Kräutertee hasse, aber was tut man nicht alles fürs Geschäft."

„Woher wussten Sie, dass meine Eltern auf dieses Weltenretter-Ding abfahren würden?"

„Sieh dich doch um?! Überall Bücher, Zeitungen, also richtige aus Papier, Kräutertee! Da war das nicht schwer zu erraten, dass Sie deine Zukunft nicht unbedingt als Internetstar sehen. Ich habe ihnen nur gesagt, was sie hören wollten. Aber diese Obdachlosennummer hat am Ende echt noch einen draufgesetzt."

Bauerländer lacht, und das ist ziemlich gemein von ihm.

„Ich finde es gut, dass meine Eltern helfen wollen", sage ich.

„Ja, ja, das ist es, bewundernswert, absolut bewundernswert", schiebt Bauerländer schnell hinterher.

„Das ist ganz großartig, ganz großartig ist das. Tolle Menschen sind deine Eltern, ganz toll."

Aber das glaube ich ihm nicht, das sagt er nur, weil er mich nicht verärgern will. Schließlich will er mit mir und meinen Idiotenkaiser-Videos viel Geld verdienen.

„Wir sehen uns morgen früh um acht, ich hole euch ab", sagt Bauerländer.

„Uns?", frage ich verwirrt.

„Na, dich und deinen Manager." Bauerländer öffnet die Tür. Das ist gut, dann brauche ich das nicht zu machen. „Mit seinen Eltern habe ich auch schon gesprochen."

„Und was haben Sie denen erzählt? Dass Salah auch ein Genie ist?"

„Nö, denen habe ich gesagt, dass er bei Jugend managt gewonnen hat."

JUGEND MANAGT? NOCH NIE GEHÖRT.

„Habe ich mir ja auch ausgedacht. Ist so was Ähnliches wie Jugend musiziert oder Jugend forscht, nur eben nicht für Musiker oder Forscher, sondern für Manager. Man könnte es auch Jugend scheffelt jede Menge Kohle nennen. Wir sehen uns morgen früh."

An diesem Abend, unserem letzten, spiele ich mit meinen Eltern Gesellschafsspiele, weil sie noch mal was mit mir gemeinsam machen wollen, bevor ich sie verlasse, um die Welt zu retten. Ich hatte Monopoly vorgeschlagen, aber das mögen sie nicht, weil es dabei nur um Geld geht. In den meisten ihrer Lieblingsspiele gibt es gar keinen Sieger, sondern da gewinnt man nur gemeinsam. Und wenn es doch mal einen gibt, lassen sie mich gewinnen und glauben, dass ich das nicht merken würde.
Die beiden sind einfach nur total liebe Menschen, und von Spiel zu Spiel wird mein schlechtes Gewissen immer größer, weil ich sie angelogen habe. Noch mehr aber tut mir leid, dass ihr echter Leo so ganz anders geworden ist, als sie es sich erhofft haben. Da muss man sich ja nur mal seine alten Videos angucken, um zu sehen, dass sich Idiotenkaiser seinen Namen echt verdient hat.

Bevor ich ins Bett gehe, schaue ich noch mal auf seiner Seite vorbei. Das Video mit meinem halb nackten Walk quer durch Berlin ist der Hit, und auch jetzt kommen noch sekündlich neue Likes dazu. Offensichtlich bin ich tatsächlich auf dem besten Weg, als Idiotenkaiser ein richtig großer Internetstar zu werden.

II.
Das Tomatensaftmassaker

Ich warte mit meinen Eltern im Flur auf Bauerländer.
Die beiden zupfen die ganze Zeit an mir herum, weil sie
mich offensichtlich nicht gerne gehen lassen. Nicht jetzt,
wo ich endlich so geworden bin, wie sie es sich immer
gewünscht haben.
„Und schreib uns", sagt meine Mutter. „Versprich uns
das."
„Und nicht übers Handy", sagt mein Vater. „Richtige
Briefe."
Ich nicke brav, obwohl ich in meinem ganzen Leben
noch nie einen richtigen Brief geschrieben habe und gar
nicht wusste, dass es so etwas überhaupt noch gibt.
„Und iss auch Obst und Gemüse", ermahnt mich meine
Mutter.
„Und daddel nicht so viel am Computer", sagt mein
Vater.

„Und benimm dich bitte immer anständig, hörst du?!"
Meine Mutter.

„Und gehe unter gar keinen Umständen mit Fremden
mit." Mein Vater.

„Und wechsele bitte regelmäßig deine Unterwäsche."
Mutter.

„Und zieh dich schön warm an, wenn es draußen kalt
ist." Vater.

Ich weiß, sie meinen es nur gut, trotzdem kann ich es
gar nicht erwarten, dass Bauerländer endlich klingelt,
bevor sie mit mir auch noch über Verhütung reden
wollen.

„Und wenn du mal ein nettes Mädchen kennenlernst,
das du magst, und ..." Glücklicherweise wird meine
Mutter genau in diesem Moment von der Klingel
unterbrochen.

Fast hätte ich nach der Klinke gegriffen, bemerke
meinen Fehler aber in letzter Sekunde und schnappe mir
stattdessen die beiden schweren Koffer, die meine
Eltern gestern Abend noch für mich mit dem Nötigsten
gepackt haben.

Meine Mutter umarmt mich ein letztes Mal, und dann
mein Vater und dann meine Mutter ein allerletztes
Mal und dann mein Vater und dann meine Mutter ein
allerallerletztes Mal und ...

„Ich muss jetzt wirklich los", sage ich schnell und da
öffnet mir mein Vater endlich die Tür.

„Wir kommen lieber nicht mit runter", sagt meine
Mutter. „Wir würden es nicht aushalten, dich weg-
fahren zu sehen."

„Kein Problem", antworte ich, weil mir das so auch lieber ist.

Als ich die Treppen runtergehe, höre ich meine Mutter weinen und meinen Vater sagen: „Wir müssen ihn gehen lassen. Du hast doch gehört, was Herr Doktor Bauerländer gesagt hat: Vielleicht ist Leo tatsächlich der Einzige, der die Menschheit retten kann."

Es zerreißt mir das Herz, weil die beiden einfach viel zu gut für diese Welt sind.

Unten im Hausflur treffe ich auf Salah. Er hat nur eine kleine Tasche dabei und hält mir netterweise die Tür auf, als ich mit meinen Koffern die letzten Stufen nehme.

„War bei dir auch so ein Drama?", fragt Salah.

„Meine Eltern wollten mich fast nicht gehen lassen. Was schleppst du da überhaupt alles mit, du Packesel?"

„Nur das Nötigste", murmele ich, weil mir der Abschied immer noch nahegeht.

„Dafür hast du das Wichtigste vergessen, du Siebkopf."

„Was denn?"

Salah holt eine Idiotenkaiser-Kappe aus seiner Tasche
und drückt sie mir auf den Kopf.
„Aber dafür hast du ja mich, deinen Manager", sagt
Salah und steuert direkt auf das Taxi zu, das vor
unserem Haus parkt.
Bauerländer hockt auf dem Beifahrersitz und winkt uns
ungeduldig zu sich.
„Beeilt euch, meine Bros, sonst verpassen wir den
Flieger und kommen zu spät", ruft er uns zu.
„Wieso Flieger?", frage ich. „Sie haben doch gestern
gesagt, wir fahren mit dem Zug"

„Doch nur wegen deinen Eltern", erwidert Bauerländer grinsend. „Die sahen aus, als fänden die Fliegen blöd. Wegen der Umwelt und so."

„Fliegen ist cool", sagt Salah. „Aber zu spät wohin?"

„Heute startet doch diese Convention in Köln", erklärt Bauerländer. „Da können die Fans ihre Internetstars hautnah erleben."

SUPER, DANN KRIEGEN WIR AUTOGRAMME.

„Ihr kriegt keine Autogramme, ihr gebt welche. Das bekommt Idiotenkaiser doch hin, seinen Namen zu schreiben, oder?", will Bauerländer von Salah wissen.

„Kein Sorge, ich bring es ihm auf dem Flug bei", antwortet Salah.

„Sehr gut, Bro! Und jetzt schwingt eure Ärsche hier rein, damit wir endlich loskönnen."

Am Flughafen geben wir unser Gepäck auf, gehen durch die Sicherheitskontrolle und haben dann noch ewig viel Zeit, bis wir in den Flieger einsteigen können. Bauerländer, Salah und ich starren auf unsere Handys. Bauerländer, weil er die Klickzahlen seiner Influencer checkt, Salah, weil er irgendein idiotisches Game spielt, und ich, weil ich vergessen habe, mir ein Buch einzustecken.

„Wir sehen uns dann später", verabschiedet sich Bauerländer, als endlich das Boarding beginnt.

„Fliegen Sie denn nicht mit?", frage ich überrascht.

„Doch, aber nicht auf den billigen Plätzen, so wie ihr, sondern in der ersten Klasse", antwortet Bauerländer. „Nutzt die Zeit und denkt euch ein neues Video aus, Bros. Eure Fans wollen Nachschub, das wollen sie immer."

Dann geht er an der Schlange der Wartenden vorbei, um als Erster in den Flieger einzusteigen, während wir eine weitere Ewigkeit warten müssen, bevor wir endlich an Bord dürfen.

„Ich habe auch schon eine genialgeile Idee", sagt Salah, als der Flieger abgehoben hat und die Stewardessen mit den Getränken kommen.
„Soll ich nackt durch den Flieger rennen?", frage ich. Salah sieht aus, als würde er ernsthaft darüber nachdenken.
„Hey, das war ein Witz", sage ich schnell.
„Ja, ja, schon klar, meine Idee ist eh besser", behauptet Salah und zückt sein Handy. „Im Flieger trinken die Leute doch immer Tomatensaft, und ich filme einfach, wie viel von den Flaschen du schaffst."
„Ich mag keine Tomaten, warum sollte ich dann Tomatensaft mögen?"
„Wenn du den mögen würdest, wäre es ja auch keine Challenge, du Weichei."
„Darf ich euch beiden etwas zu trinken anbieten?"

Eine Stewardess hat mit ihrem Getränkekarren unsere
Sitzreihe erreicht und lächelt uns freundlich zu.
„Für mich eine Cola, bitte", sagt Salah. „Und für
meinen Freund hier elf Flaschen von ihrem besten
Tomatensaft."
Die Stewardess lacht, holt dann aber tatsächlich elf
kleine Flaschen aus ihrem Wagen.
„Du bist Idiotenkaiser, nicht wahr?", fragt sie und stellt
die Flaschen auf den Klapptisch vor mir.

„War nicht so schwer zu erraten." Die Frau zeigt auf
meine Kappe. „Außerdem ist mein Sohn Lars ein Fan

von dir. Der hat mir gestern Abend dein Paket-Boxing-Video gezeigt. Das war so doof, da musste sogar ich lachen. Könnte ich für Lars ein Autogramm bekommen? Der würde sich riesig freuen."

„Klar", sage ich großzügig und nehme den Stift, den sie mir hinhält. Ich muss die Flaschen zur Seite schieben, um auf einer Serviette unterschreiben zu können. Als ich fertig bin, greift Salah nach der Serviette, aber die Stewardess ist schneller als er.

„Soll ich nicht auch noch unterschreiben?", fragt er.

„Wer bist du denn?", fragt sie.

„Na, sein Manager natürlich. Soll ich?"

„Nicht nötig." Die Frau faltet die Serviette ordentlich und steckt sie so sorgfältig weg, als wäre es ein Hunderteuroschein. Dann schiebt sie ihren Karren weiter, um auch den Fluggästen hinter uns Getränke anzubieten.

„Und wer soll das jetzt alles trinken?" Ich zeige auf die elf roten Flaschen vor mir.

„Du natürlich, wer denn sonst?" Salah klingt immer noch ein bisschen beleidigt, weil die Stewardess kein

Autogramm von ihm wollte. „Und zwar eine nach der anderen."

„Muss das sein?"

„No kick, no klick und nun mach schon." Salah hält das Handy hoch und spricht in das Mikrofon: „Willkommen zur weltweit ersten Tomatensaft-Challenge, zehn Kilometer über der Erde wird Idiotenkaiser elf von diesen Flaschen hier austrinken. Bei drei geht es los: eins, zwei und drei."

Ich greife nach der ersten Flasche, trinke einen Schluck und … es ist einfach nur widerlich und noch viel schlimmer, als ich erwartet hatte.

Salah aber streckt mir anerkennend seinen Daumen entgegen, weil mein vor Ekel verzerrtes Gesicht auf dem Video wahrscheinlich so richtig schön blöd aussieht.

„Tu's für deine Fans", redet Salah mir zu, und dann mache ich die Augen zu und leere den Rest mit einem Zug. Mit den nächsten drei Flaschen mache ich es genauso, bei der fünften wird mir schlecht, und bei der achten gerät der Flieger plötzlich in ein Luftloch.

„Das sieht cool aus! Mehr davon!" Salah nimmt eine
weitere Flasche und schüttet mir den Saft ins Gesicht.
Dann fängt er an zu schreien. „Meinen Freund hat
es total zerfetzt. Das reinste Massaker. Ist hier kein
Arzt? Hier muss doch ein Arzt an Bord sein."
Dabei hält er die ganze Zeit die Kamera auf mein rot
verschmiertes Gesicht und zoomt dabei so richtig nah
ran.
„Du musst ein bisschen jammern", flüstert er mir zu,
und ich stöhne ein bisschen „Ahhh" und „Ohhh",

während ich gleichzeitig meine Augen verdrehe, als wenn ich kurz vorm Sterben wäre.

„Was ist denn passiert?" Die Stewardess ist gekommen, und hinter ihr steht eine ältere Dame, die sich als Frau Doktor Hartmann vorstellt. „Ich bin Tierärztin, wie kann ich helfen?"

„Tierärztin ist super, das passt zu den zwei albernen Affen hier", sagt die Stewardess, die natürlich sofort erkannt hat, dass das kein Blut, sondern nur Tomatensaft in meinem Gesicht ist. „Das ist nicht lustig!" Obwohl ich mir ziemlich sicher bin, dass ihr Sohn den Clip im Internet ziemlich lustig finden wird, hört sie gar nicht mehr auf, mit uns schimpfen. Das tut sie erst, als Bauerländer aus der ersten Klasse zu uns rüberkommt, weil er wissen möchte, was das für ein Lärm auf den billigen Plätzen ist.

„Sehr gute Aktion, gefällt mir, Bros. Wenn uns das keine Klicks bringt, fahr ich das nächste Mal mit dem Zug nach Berlin. Ich gehe dann mal wieder nach vorne, sonst wird mein Champagner warm. Wir sehen uns in Köln am Gepäckband."

12
Sei schlau

Als wir nach der Landung den Flieger verlassen, muss
ich an der Stewardess vorbei. Sie sieht immer noch
sauer aus, und als ich an ihr vorbeigehe, zerreißt sie
die Serviette mit meiner Unterschrift in tausend kleine
Schnipsel und starrt mich dabei wütend an. Salah und
ich sind die Einzigen, denen sie zum Abschied keinen
„Guten Tag" wünscht.

Aber das ist mir egal, weil es trotzdem ein guter Tag
für mich wird. Ich werde mich als Internetstar auf der
Convention feiern lassen, Autogramme geben und dort
Tausende neue Follower einsammeln.

„Was grinst du denn so glücklich?", will Salah wissen,
während er auf dem Weg zum Gepäckband gleichzeitig
das freie WLAN nutzt, um unser Video von dem
Tomatensaft-Massaker hochzuladen.

„Nur so", antworte ich und freue mich, dass sich die

Glastür vor mir gerade automatisch öffnet. Genau wie
die anderen Türen, durch die wir schon durchmussten.
Für einen Tür-Reisenden wie mich sind Flughäfen super.
Den ganzen Weg vom Flugzeug bis zum Gepäckband
muss ich nicht eine einzige Klinke anfassen.
Am Gepäckband treffen wir Bauerländer wieder. Er
sitzt auf einer Bank und kontrolliert wieder Klickzahlen.
Das macht er ständig.
„Fünf Minuten online und schon fünftausend Klicks, eure
Tomatensaft-Challenge geht gerade so richtig steil,
meine Bros", freut er sich. „Ich habe gerade auch
schon einen Deal mit einer Ketchup-Firma eingetütet,
die auf eurer Seite dazu Werbung schalten will."
„Super, dann kommt Geld rein", sagt Salah und erntet
dafür von Bauerländer einen mitleidigen Blick.

KLAR, ABER
NUR FÜR MICH.

„Ihr kriegt erst was, wenn
ihr meine Kosten
wieder eingespielt
habt", fährt
Bauerländer fort
und grinst.

„Was denn für Kosten?", frage ich, weil ich nur Bahnhof verstehe.

„Glaubst du, die Fluggesellschaft hat den Idiotenkaiser und seinen Manager umsonst von Berlin hierhergeflogen?" Bauerländer schaut mich lange an. „Ja, wahrscheinlich glaubst du das wirklich. Hat sie aber nicht. Das habe alles ich bezahlt, genauso wie das Taxi, die zwei Glas Wasser im Hotel und eure Unterkunft hier in Köln." Bauerländer greift in seine Jackentasche und wedelt mit einem Haufen Quittungen vor meiner Nase herum. „Eure Schulden bei mir zahlt ihr natürlich alle zurück. So läuft das Geschäft, meine Bros."

Salah und ich sehen uns überrascht an, weil wir beide gedacht hatten, dass zahlt Bauerländer von seinen dreiunddreißig Prozent, die er von unseren Einnahmen kriegt. Falsch gedacht.

Das kann man von dem Gepäckband nicht gerade
sagen. Da tut sich gar nichts, obwohl die Passagiere
unseres Flugs schon ewig lange hier auf ihre Koffer
warten.

„Hey, Idiotenkaiser! Du könntest eine Runde damit
drehen", schlägt Salah vor. „Du
setzt dich einfach auf das
Band, verschwin-
dest dahinten
in dem Loch in
der Wand, und
vielleicht kommst
du vorne durch
das andere Loch
wieder raus."

„Hervorragende
Idee", ruft
Bauerländer
begeistert.

„Vergiss es", erwidere ich, weil ich nicht die Absicht
habe, hier auf dem Gepäckband Karussell zu fahren.

Ich weiß ja auch gar nicht, was sich hinter dem schwarzen Loch in der Wand verbirgt. Vielleicht verstecken sich irgendwelche Schlägertrupps, die auf jeden einprügeln, der verbotenerweise auf dem Gepäckband surft. Das ist ja garantiert nicht erlaubt.

„Dann gibt es auch keinen Grund mehr, hier noch unnötig Zeit zu vergeuden", sagt Bauerländer, und dabei sieht er ein bisschen enttäuscht aus. „Lasst uns fahren."

„Und was ist mit meinen Koffern? Ich muss mich doch umziehen." Meine Klamotten sind ja immer noch voller Tomatensaft. Es sieht wirklich so aus, als wäre ich in ein Massaker geraten. Die Leute starren mich jedenfalls alle ganz komisch an und fragen sich bestimmt, ob ich bei dem Blutbad der Täter oder das Opfer war.

„Ist doch super! Stell dir vor, die Leute auf der Convention haben gerade noch im Internet deinen Clip gesehen, und dann stehst du plötzlich mit deinen roten Klamotten auf der Bühne", sagt Bauerländer. „Dein Gepäck lassen wir dir einfach nachschicken. Und jetzt lasst uns los, draußen stehen die Taxis."

„Können wir nicht lieber den Bus nehmen?", schlage

ich vor, um zu verhindern, dass unsere Schulden bei Bauerländer noch höher werden.

Aber der tut so, als hätte er mich gar nicht gehört, und steuert zielsicher auf den Taxistand zu.

Auf der Fahrt reden wir alle nicht viel. Bauerländer auf dem Beifahrersitz und Salah neben mir starren beide auf ihre Handys, und ich rechne im Kopf zusammen, mit wie viel wir schon in den Miesen sind. Da dürften schon ein paar Hundert Euro zusammenkommen, und da sind die zwei Wasser aus dem Luxus-Hotel noch gar nicht dabei. Das macht mir ein bisschen Angst, aber dann fällt mir ein, dass ich ja jederzeit ganz schnell hier verschwinden könnte, wenn unsere Schulden zu hoch werden. Dazu brauche ich ja nur die Autotür aufzureißen, wenn das Taxi mal an einer roten Ampel hält. Das beruhigt mich ein bisschen, und deswegen schaue ich auch auf mein Handy. Die Klickzahlen für das Tomatensaft-Massaker sind noch einmal kräftig in die Höhe geschossen, und tatsächlich läuft jetzt sogar Werbung der Firma

Gold-Ketchup vor, in der Mitte und am Ende des Clips.

In der Werbung sieht man einen pickligen Jungen, der Ketchup aus einer Glasflasche auf eine Bratwurst gießen möchte. Aber das funktioniert nicht, obwohl er die Flasche kräftig schüttelt und immer wieder auf den Glasboden haut. Dann klappt es doch.

Im Hintergrund sagt eine Stimme: „Sei nicht wie Idiotenkaiser, sei schlau! Nimm unseren Gold-Ketchup aus der Plastikflasche."
Auf dem Bildschirm sieht man jetzt wieder einen jungen Mann, diesmal ohne Pickel, der eine Plastikflasche und

eine Bratwurst in den Händen hält. Bei ihm klappt das mit dem Ketchup sofort. Von der Seite kommt ein Mädchen, gibt ihm einen Kuss auf die Wange und sagt: „Du bist nicht wie Idiotenkaiser, du bist schlau."

„Habt ihr die Werbung schon gesehen, Bros?", ruft Bauerländer nach hinten.

„Ja, die ist super", antwortet Salah. „Aber wie haben die das so schnell hingekriegt?"

„Den Film gab es schon, sie brauchten nur den Text zu ändern", antwortet Bauerländer. „Das ging ganz fix, und fünf Minuten später war das Ding auch schon online."

„Aber die sagen da doch, dass ich total bescheuert bin", gebe ich zu bedenken.

„Und? Stimmt doch auch", unterbricht mich Bauerländer. „Ich kann dich ja wohl kaum als Albert Einstein verkaufen. Guck dir deine Seite doch an."

„Da hat er schon recht", mischt sich Salah ein. „Ich würde jetzt auch nicht unbedingt einen Computer kaufen, für den du Werbung machst. Das passt nicht."

Kurz darauf haben wir die Halle auch schon erreicht, in der die Convention stattfinden soll. Vor dem Eingang drängen sich ganz viele Kinder und Jugendliche. Ältere Leute kann ich keine entdecken, mal abgesehen von den Security-Männern, die die Menge daran hindern, das Gebäude zu stürmen.

Bauerländer dreht sich zu Salah um und schaut ihn an, als wäre er sich gar nicht mehr sicher, wer von uns beiden der Idiotenkaiser ist.

„Wir gehen doch nicht da vorne rein, sondern hinten-
rum durch den Künstlereingang", sagt er und lotst dann
den Fahrer auf die Rückseite der Halle.
Auch hier steht Security vor der Tür und passt auf,
dass keiner reinkommt, der
nicht reindarf. Wir
dürfen, weil Bauerlän-
der aus seiner Tasche
drei riesige Back-
stage-Pässe zaubert,
die wir uns an einem
Band um den Hals hängen.
Das hat schon was, und für einen
Augenblick fühle ich mich wirklich wie ein Star.

Bauerländer führt uns in einen großen Raum hinter der
Bühne und sagt: „Macht es euch bequem, meine Bros.
Ich muss noch was erledigen, bin gleich wieder zurück."
Auf dem Boden verstreut liegen überall bequeme
Sitzkissen, und auf Tischen stehen große Körbe mit
frischem Obst. Daneben stapeln sich Getränkekisten

mit Soft- und Energydrinks. Es sieht aus wie in einem ultracoolen Café, nur dass man hier nichts bezahlen muss, weil für uns Influencer alles umsonst ist.

Das Beste aber ist, das alle da sind. All die Stars, deren Videos ich schon geliebt habe, bevor ich selbst einer wurde, lümmeln mit ihren Backstage-Pässen um den Hals auf den Sitzkissen und checken die Klickzahlen ihrer Accounts. Zumindest sehen sie aus wie die Stars in meinem alten Leben, die heißen hier nur anders. Aber das macht nichts, weil ihre neuen Namen groß auf ihren Backstage-Pässen stehen.

„Da vorne ist Babu-King", ruft Salah begeistert.

„Und da ist Coolmaster", rufe ich.

„Und da Mega-Trender", ruft Salah.

„Und da ist Beauty-Angel", rufe ich.

„Du guckst die Videos von Beauty-Angel?" Salah sieht mich irritiert an.

„Nur manchmal", erwidere ich und zeige auf einen Jungen, der mit Kopfhörern auf den Ohren etwas abseits sitzt. „Und guck mal da vorne: Super-Hyper ist auch da."

Salah und ich starren Super-Hyper an, weil er von allen hier der größte Klick-König ist. Niemals hätte ich zu träumen gewagt, dass ich mal mit ihm zusammen in einem Raum sein würde.

„Alles klar mit euch, meine Bros?", fragt Bauerländer, als er zu uns zurückkommt.

„Da vorne, da sitzt Super-Hyper", stammelt Salah.

„Ich weiß, der ist auch bei mir unter Vertrag", erwidert Bauerländer. „Es geht auch bald los. Wir warten nur noch auf #Weltenretterin."

„Die kommt auch?", frage ich überrascht.

„Klar, aber die wollte nicht fliegen und reist mit dem Zug an", sagt Bauerländer. „Kann also noch ein bisschen dauern, bis wir hier starten können."

13
Die perfekte Welle

Ich freue mich, dass #Weltenretterin auch zu der Convention hier nach Köln kommt. Es geht ja nicht nur um Mode, Make-up, Games, Sport, Quatsch und so was, sondern auch um richtig wichtige Influencer-Themen. Zum Beispiel die Umwelt oder dass man im Flugzeug vorsichtig mit Tomatensaft sein soll, wegen der Luftlöcher. Das war schließlich die Message unseres Videos. Vielleicht kann ich dann sogar mit ihr sprechen und ihr beweisen, dass ich in Wahrheit gar nicht der Vollidiot bin, für den sie mich hält. Dabei kann ich ihr das nicht mal übel nehmen, schließlich hat sie mich bisher nur in meinen Internetclips und in der Kühltruhe eines Supermarktes erlebt. Den wahren Idiotenkaiser hinter den Videos kennt sie ja gar nicht. Der ist nämlich ganz anders. Der ist so wie ich, klug und nett nämlich. „Ich finde es gut, dass #Weltenretterin ihr eigenes

Ding macht", sage ich zu Bauerländer. „Die ist unabhängig, der ist Geld völlig egal. Die würde nie bei Ihnen unterschreiben."

HAT SIE ABER, BRO.

„Was?" Ich starre ihn fassungslos an, weil ich das nicht glauben kann.

„Gestern Abend noch. Ich habe ihr erklärt, dass ich ihr helfen kann, noch viel mehr Leute mit ihrer Botschaft zu erreichen. Aber das Beste ist, sie macht sich wirklich nichts aus Geld, und deswegen kriege ich bei ihr sogar neunzig Prozent", freut sich Bauerländer, dann schaut er plötzlich ganz traurig aus. „Leider lässt sie auf ihrem Kanal nur Werbung von Ökofirmen zu. Da springt für mich dann doch nicht so viel bei raus. Obwohl Cola ja eigentlich auch ziemlich öko ist."

„Das meinen Sie jetzt nicht ernst, das ist ein Witz, oder?", will Salah wissen.

„Wer Cola trinkt, der trinkt kein Wasser, und damit spart man Wasser, wo das doch immer knapper wird. Ich rufe die beiden großen Cola-Firmen gleich mal an, oder was meinst du, Idiotenkaiser?"

Er hält mich scheinbar wirklich für blöd, weil das natürlich totaler Schwachsinn ist, was er da gerade erzählt hat. Wer Cola trinkt, spart überhaupt kein Wasser, weil man für die Herstellung Unmengen davon braucht. Bevor ich ihm das sagen kann, klingelt sein Handy. Es ist #Weltenretterin, die am Bahnhof angekommen ist und wissen möchte, wie sie am besten mit dem Fahrrad zu uns in die Halle kommt.

„Das dauert viel zu lange, die warten hier doch schon alle auf dich. Ich hole dich ab", spricht Bauerländer in sein Handy. „Ja, mit einem Elektrotaxi, versprochen."

„Hier in Köln gibt es Elektrotaxis?", frage ich, als Bauerländer aufgelegt hat.

„Klar, die Autos haben heute doch alle jede Menge Elektronik an Bord", antwortet Bauerländer und grinst.

„Ich beeile mich, damit es hier endlich losgehen kann. Die Leute werden langsam unruhig."

„Komm mit, wir holen uns in der Zwischenzeit ein Autogramm." Salah schiebt mich Richtung Super-Hyper und achtet darauf, dass er dabei hinter mir bleibt, so als wäre ich sein Schutzschild.

„Sorry", sage ich, als wir Super-Hyper erreicht haben.

„Hey, was geht ab?", begrüßt er uns.

„Hey, was geht ab?", erwidere ich, was als Antwort auf seine Frage nicht so wahnsinnig intelligent ist. Aber hey, ich bin Idiotenkaiser, da kann man von mir keine genialen Sprüche erwarten.

„Wollt ihr ein Autogramm?", fragt Super-Hyper.

Salah und ich nicken.

„Wie habt ihr beiden es überhaupt hier hinter die Bühne geschafft?" Super-Hyper sucht in seinen Taschen nach einem Stift. „Das ist hier eigentlich nicht für Fans, sondern nur für ..." Jetzt erst entdeckt er unsere Backstage-Pässe. „Oh, tut mir leid. Ihr seid ja auch Influencer, und ich dachte schon, ihr wärt nur so lästige Fans, die einen ständig nach Autogrammen angraben.

Super-Hyper beugt sich vor, um den Namen auf meinem Pass lesen zu können.

„Du bist Idiotenkaiser?" Super-Hyper starrt mich voller Bewunderung an, dann zeigt er auf mein rotes T-Shirt. „Hätte ich auch selbst draufkommen können, ich habe gerade dein Tomatensaft-Massaker-Video gesehen. Das war groß, ganz groß war das."

„Ich habe das übrigens gefilmt", mischt sich Salah ein. „Ich war das."

„Das war ultracool, wie du da die Kamera führst." Super-Hyper scheint wirklich beeindruckt zu sein und sucht weiter nach einem Stift. „Krieg ich ein Autogramm von euch? Ich mein, du kannst doch deinen Namen schreiben, oder?"

„Ich habe es ihm im Flieger beigebracht", schwindelt Salah, weil Bauerländer schon wieder zurück ist und er ihm ja versprochen hatte, sich während unseres Flugs darum zu kümmern.

Super-Hyper hält uns einen Filzer hin, und wir unterschreiben auf seinem Backstage-Pass. Auch wenn er mich für einen absoluten Vollpfosten hält, fühlt sich das ganz großartig an. Das ist viel besser, als eines von ihm zu bekommen.

„Wo haben Sie #Weltenretterin gelassen?", frage ich Bauerländer, der hinter uns steht und wieder auf sein Handy starrt.

„Die diskutiert noch mit den Security-Typen draußen, weil die ihren Kaffee to go aus so Wegwerfbechern getrunken haben", erklärt Bauerländer, ohne von seinem Handy aufzusehen.

„Togo? Ist das nicht ein Land in Südamerika? Was hat sie denn gegen die Asiaten?", fragt Super-Hyper, und da frag ich mich schon, wer von uns beiden hier der größere Idiotenkaiser ist.

„Euer Tomatensaft-Massaker steigt übrigens immer

weiter nach oben", sagt Bauerländer. „Der läuft so gut,
dass ich gleich noch einen zweiten Werbeclip für euch
verkaufen konnte."

„Für was denn?", will ich wissen.

„Waschpulver, was sonst?!" Bauerländer deutet auf
mein rotes T-Shirt. „Du musst einfach bei deinem
nächsten Clip eine Packung davon in die Kamera halten
und sagen, wie toll das die Flecken beseitigt hat."

„Muss das sein?", fragt Salah, der es genau wie ich
wenig sexy findet, dass wir jetzt plötzlich Werbung für
Waschpulver machen sollen.

„Ihr müsst nicht, aber wenn ihr jemals eure Schulden
zurückzahlen wollt, dann solltet ihr das tun, meine
Bros", antwortet Bauerländer.

„Ich habe auf meinem Kanal sogar mal Werbung
für Toilettenpapier gemacht", mischt sich Super-Hyper

ein. „Hat
gar nicht
wehgetan,
war drei-
lagig."

Draußen brüllen und pfeifen die Leute jetzt immer lauter, und da ist es ganz gut, dass #Weltenretterin endlich auftaucht. Sie sieht ziemlich wütend aus. Wahrscheinlich hat sie rausgefunden, dass das gar kein richtiges Elektrotaxi war, mit dem Bauerländer sie vom Bahnhof abgeholt hat. Aber Bauerländer lässt sie gar nicht erst zu Wort kommen, sondern treibt uns alle nach draußen auf die Bühne.

„Beeilung, Beeilung, Beeilung", ruft er. „Sonst reißen die uns noch die Halle ab."

Tatsächlich hat sich das Gebrüll noch einmal gesteigert und wenn ich da draußen schon ein paar Stunden auf meine Internethelden warten müsste, wäre ich auch ziemlich sauer.

Das Brüllen und Pfeifen geht sofort in ein ohrenbetäu- bendes Klicken der Kameras über, als wir gemeinsam die Bühne betreten.

Ich taumele ein paar Schritte zurück, weil ich von den vielen Handyblitzen total geblendet bin.

Bauerländer stellt uns alle vor, einen nach dem anderen. Super-Hyper kriegt am meisten Applaus, ist ja auch klar, der hat schließlich die meisten Follower. Bei #Weltenretterin ist es deutlich ruhiger, und bei Salah und mir ist auch nicht viel los.

Das ändert sich erst, als Salah eine Flasche Tomatensaft aus seiner Tasche holt. Die hat er sich bestimmt heimlich im Flieger eingesteckt. Er schüttelt die Flasche und spritzt mir die rote Soße ins Gesicht, so als wäre es Champagner und ich hätte gerade ein Formel 1-Rennen gewonnen. Die Menge fängt an zu toben und brüllt: „Tomatensaft-Massaker! Tomatensaft-Massaker!"

„Das ist die totale Lebensmittelverschwendung", ruft #Weltenretterin, aber das hört keiner, weil unsere Fans vor Begeisterung so laut schreien.

Das Beste ist, dass wir hier oben auf der Bühne gar nichts machen müssen. Die Leute sind ja nicht gekommen, weil wir tolle Sänger, Tänzer oder Schauspieler sind. Die sind nur gekommen, um uns zu sehen. Also live und nicht nur auf ihrem Monitor oder Display oder so. Wir stehen einfach auf der Bühne, und die da unten brüllen. Und erst als es denen da unten dann doch etwas langweilig wird, uns einfach nur anzugucken und uns zu zujubeln, zeigt sich, dass Bauerländer tatsächlich ein echter Profi ist.

„Ich habe da mal was vorbereitet, Bro", flüstert er mir zu und gibt seinen Security-Leuten ein Zeichen. „Das ist eine kleine Spende von Gold-Ketchup, weil sich ihre Verkaufszahlen in den letzten Stunden verdoppelt haben."

Die Männer schleppen kistenweise Spritz-Ketchup-Flaschen in die Halle und verteilen sie unter den Besuchern. Aber erst als Salah und ich laut brüllen,

fängt die Menge an, sich gegenseitig damit einzusauen und dabei

„Idiotenkaiser for ever" zu kreischen. Von der Bühne aus sieht das toll aus, weil unter uns einfach alles nur noch rot ist.

Auch die anderen Influencer machen mit, weil sie nicht als Spaßbremsen gelten wollen. Die Einzigen, die sich raushalten, sind Bauerländer und #Weltenretterin. Aber das hatte ich gar nicht anders erwartet.

Salah sieht mich an und grinst, und ich grinse zurück. Es ist so cool, dass es mir in diesem Augenblick völlig egal ist, was #Weltenretterin von mir denkt.

Ich packe Salahs Hand, und er weiß sofort, was ich vorhabe. Stagediving wollte ich immer schon mal machen, und ich bin mir ganz sicher, dass unsere Fans uns auffangen werden. Salah und ich laufen zusammen auf die jubelnde Menge zu, und als wir den Büh-nenrand erreichen, springen wir ab. So hoch und so weit wie möglich.

14
Das Influencer-Hotel

Das Erste was ich sehe, als ich wieder aufwache, ist Miriam. Aber das kann gar nicht sein, weil ich durch keine Tür gegangen bin. Sondern ... es dauert einen Moment, bis mir der Sprung von der Bühne wieder einfällt. Ich fliege, und dann ist plötzlich alles schwarz. Null Erinnerung.

Auf den zweiten Blick erkenne ich an ihren Dreadlocks, dass es gar nicht Miriam, sondern #Weltenretterin ist, die sich über mich beugt und mit einem feuchten Waschlappen sanft über meine Stirn wischt.

„Schön, dass du wieder wach bist", begrüßt sie mich und lächelt.

„Wo bin ich?" Verwundert sehe ich mich um.

„Im Bett, du Idiotenkaiser, wo denn sonst?", antwortet sie

Ich schaue mich um. Das mit dem Bett stimmt. Es ist

sogar ein ziemlich bequemes Bett, das in einem riesigen Zimmer steht. Es gibt noch ein zweites Bett, ein großes Fenster, ein Sofa, einen Sessel, einen Schreibtisch mit einem Laptop drauf und sogar einen überflüssigen Fernseher, den kein Mensch mehr braucht.

„War es mal", erwidert #Weltenretterin. „Bauerländer hat es gekauft, um hier seine Influencer unterzubringen. Aber der Zimmer-Service funktioniert immer noch, warte, ich bestell dir Frühstück."

Sie greift zu einem Telefon, das neben dem Bett steht, drückt auf eine Taste und sagt: „Einmal Frühstück mit einem frisch gepressten Bio-Orangensaft, zwei Vollkornbrötchen und Rührei von frei lebenden Hühnern für Zimmer 0815. Ja genau, das ist das von Idiotenkaiser. Danke."

Ich hätte zum Frühstück eigentlich lieber einen Toast mit Schokocreme gehabt, aber das sage ich ihr nicht. Auch weil ich schreckliche Kopfschmerzen habe.

„Hast du eigentlich auch einen Namen? Ich meine, außer #Weltenretterin", frage ich stattdessen.

„Klar, aber den verrate ich dir nicht", erwidert sie, und dann erzählt sie mir, was in der Halle passiert ist. Salah und ich sind von der Bühne gesprungen, um zu stagediven. Aber das haben unsere Fans wohl irgendwie nicht mitbekommen. Dazu waren die viel zu sehr damit beschäftigt, sich gegenseitig mit Tomatenketchup vollzuspritzen. Die Folge war, dass Salah und ich auf den harten Hallenboden geknallt sind.

„Wie geht es Salah denn?"

„Der hat Glück gehabt, der ist auf dir gelandet und

hat kaum was abbekommen", erklärt #Weltenretterin. „Aber du hast eine leichte Gehirnerschütterung. Du kannst dir das übrigens angucken. Super-Hyper hat das alles gefilmt und auch gleich online gestellt."

Sie reicht mir ihr Handy, damit ich es mir anschauen kann. Man sieht zwei Volltrottel von einer Bühne springen und mit einem großen BUMMS auf den Boden knallen. Unten in der Statuszeile sehe ich, wie viel Klicks Super-Hyper dafür bekommen hat. Das sind unglaublich viele, und außerdem läuft vor und nach dem Clip Werbung für Fahrradhelme, und das finde ich total ungerecht, dass Super-Hyper auf meine Kosten auch noch dicke Geschäfte macht.

ZIMMER-SERVICE!

Salah stoppt, als er #Weltenretterin sieht, die immer noch auf meiner Bettkante sitzt.

„Oh, störe ich?", fragt er grinsend. „Aber das ist nicht allein dein Zimmer, ich wohne auch hier."

„Blödsinn, komm rein", rufe ich, obwohl er ja schon mitten im Zimmer steht. „Bist du jetzt hier der Hotelboy, oder was?"

„Quatsch, ich habe den Kellner mit deinem Frühstück gerade draußen auf dem Flur getroffen und ihm das Tablett abgenommen. Ich dachte, ich bring es dir selbst. Als Dank dafür, dass ich so weich gelandet bin, du Luftmatratze."

„Kein Ursache, habe ich doch gern gemacht", brumme ich und schiebe nach einer Weile ein „Nicht" hinterher.

„Schlimm genug, dass sich einer von euch beiden Idiotenkaisern verletzt hat", mischt sich #Weltenretterin ein. „Von dem Tomatenketchup, der in der Halle vergeudet wurde, hätte eine Familie in Afrika ein Jahr leben können, wahrscheinlich sogar zwei."

„Ich glaube nicht, dass die zwei Jahre lang nur von Tomatenketchup leben wollen", erwidere ich, und Salah

sagt: „Dafür hat es uns jede Menge Likes gebracht.
Du musst deinen neuen Fans mal Hallo sagen."
Salah richtet die Handykamera auf mich, und ich finde
es fast schade, dass ich nicht so einen dicken Verband
um den Kopf habe. Das sähe bestimmt cool aus auf
dem Video.
„Hallo Leute! Mir geht es gut, aber ich glaube, in der
nächsten Zeit kann ich keine Tomaten mehr sehen.
Kennt ihr übrigens den?"

Salah fällt fast die Kamera aus der Hand, weil er so lachen muss. #Weltenretterin findet das überhaupt nicht komisch.

„Der Witz ist uralt und überhaupt nicht lustig", schimpft sie. „Ihr seid echt so kindisch."

„Ich fand den super", sagt Salah, nachdem er sich wieder beruhigt hat. „Das lad ich gleich hoch, damit unsere Fans mitlachen können."

Salah schaut auf das Display seines Handys und wartet, scheinbar passiert aber nichts.

„Was ist los?", will ich wissen.

„Komisch, das geht nicht online", antwortet er. „Da kommt nur so eine merkwürdige Meldung: Beitrag wird geprüft und später veröffentlicht."

„Das hatte ich vorhin in meinem Zimmer auch schon", bemerkt #Weltenretterin.

„Egal, das Beste weiß Idiotenkaiser nämlich noch gar nicht", erwidert Salah. „Direkt im Zimmer neben uns wohnt Super-Hyper und schräg gegenüber Babu-King. Auf der Etage über uns hat Beauty-Angel ihr Zimmer und direkt daneben #Weltenretterin. Das ganze Hotel ist voller Internetstars, ist das nicht großartig? Aber das Allerbeste ist, ganz oben soll es so ein ultramodernes Aufnahmestudio mit allem Drum und Dran geben, fast wie in Hollywood. Damit werden unsere Filmchen noch besser. Und jetzt raus aus dem Bett, du Faultier. Lass uns die Stadt angucken. Ich war noch nie in Köln."

„Sehr gute Idee, zumindest für einen wie dich." Ich schlage die Bettdecke zur Seite und stehe auf. Erst jetzt entdecke ich meine beiden Koffer, die in einer Zimmerecke stehen. „Wie kommen die denn hierher?"

„Die hat Bauerländer vom Flughafen hierherbringen lassen", erklärt Salah. „Der ist echt super."

„Du bist krank, du gehörst ins Bett", sagt #Weltenretterin und klingt dabei, als wenn sie sich wirklich Sorgen um mich machen würde.

„Ach was, mir geht es gut", wiegele ich ab. „Ich zieh mich im Bad schnell um, und dann können wir los."

Ich nehme die Koffer in beide Hände und bitte Salah, mir die Badezimmertür zu öffnen, damit ich das nicht selbst machen muss. Wäre ja auch blöd, plötzlich wieder zu Hause oder in der Antarktis zu landen, wo ich doch gerade zu einem Star werde, der von Millionen Teenies wie ein Gott verehrt wird.

„Und überhaupt, wozu brauchst du zwei Koffer im Bad? Draußen scheint die Sonne, da reicht ein T-Shirt."

„Man kann ja auch einfach mal nur nett sein." #Weltenretterin steht vom Bett auf und öffnet mir die Tür. „Bitte sehr."

„Danke", murmele ich verlegen, weil das wirklich nett von ihr ist, obwohl sie keine Ahnung hat, wie wichtig es für mich ist, die Tür nicht selbst aufmachen zu müssen.

Ich gehe mit den Koffern ins Bad und ziehe mir ein frisches T-Shirt und auch eine neue Hose an. Draußen ist es ganz still. Salah und #Weltenretterin haben sich scheinbar nicht viel zu sagen, oder sie sind zu sehr damit beschäftigt, ihre Klickzahlen zu checken.

„Schon fertig. Wir können los", rufe ich, als ich in frischen und sauberen Klamotten durch die angelehnte Tür wieder zurück ins Zimmer komme.

Wie ich geahnt hatte, hängen die beiden über ihren Handys.

„Deine Grußbotschaft ist jetzt online", sagt Salah.

„Und sogar schon mit Werbung für eine Sparkasse, wahrscheinlich wegen des Witzes über den Bankautomaten."

„Mein Posting wurde in der Zwischenzeit auch veröffentlicht", sagt #Weltenretterin. „Aber da fehlt die Hälfte, alles, was ich über die üblen Machenschaften der internationalen Großkonzerne gesagt habe. Stattdessen läuft da eine Cola-Reklame, in der die erzählen, wie viel sie für die Umwelt tun, weil Cola-Trinken angeblich Wasser spart."

#Weltenretterin ist total aufgeregt. So aufgeregt war sie nicht mal, als sie rausgekriegt hat, dass das Elektrotaxi nur ein ganz normales Taxi war.

„Das ist bestimmt nur ein Irrtum", versuche ich sie zu beruhigen. „Lass uns erst mal die Stadt angucken. Ich wollte immer schon mal den Rhein und den Dom sehen. Wir gehen auch zu Fuß, versprochen!"

„Muss das sein?", fragt Salah. „Wir können doch ein Taxi nehmen, ich habe mich schon dran gewöhnt."

Statt ihm zu antworten, trete ich ihm einfach gegen das Schienbein. Aber so, dass #Weltenretterin das nicht merkt.

„Meinetwegen, gehen wir halt zu Fuß", brummt Salah missmutig, dann hellt sich seine Miene wieder auf.

„Vielleicht können wir ja ein neues Video machen, wie du in den Rhein springst oder außen am Kölner Dom hochkletterst. Das wäre cool."

„Mal sehen", antworte ich ausweichend und lasse ihm den Vortritt, damit ich die Tür nicht öffnen muss.

Wir fahren mit dem Aufzug nach unten, und am Ausgang stehen die gleichen Security-Männer, die auch die Halle bewacht haben.

„Hallo, wir wollen uns ein bisschen die Stadt angucken", begrüße ich die Jungs.

„Wie, nein?", fragt Salah, und #Weltenretterin sagt: „Wir sind freie Bürger, wir können gehen, wohin wir wollen."

„Nein", wiederholt der Mann und schlägt seine Jacke zurück, sodass man da eine Pistole sehen kann.

„Nicht so schlimm, kein Problem, verschieben wir das Sightseeing eben auf morgen", sage ich und ziehe die anderen zurück in den Aufzug.

Den Rest des Tages suchen wir nach anderen Ausgängen aus dem Hotel. Es gibt aber keine, und wenn doch, sind die alle abgeschlossen.

15
Der Keller

Unsere Suche führt uns sogar in den Keller des Hotels, aber auch da gibt es keine offenen Türen, durch die wir entkommen könnten. Dafür ist das WLAN sogar hier unten richtig, richtig gut, da kann man echt nicht meckern.

„Bauerländer hält uns hier gefangen", schimpft #Weltenretterin. „Ich hätte mich niemals auf diesen Ausbeuter einlassen dürfen. Niemals!"

„Vielleicht sind die Ausgänge gar nicht verschlossen, sondern nur die Eingänge. Damit hier keiner von unseren Followern reinkommt und wir unsere Ruhe vor denen haben", sagt Salah. „Könnte doch sein, oder?"

Aber das glaube ich nicht und #Weltenretterin auch nicht. Bauerländer will uns unter Kontrolle behalten. Deswegen hat er uns hier eingesperrt, alle zusammen. Das ist ein bisschen wie in dem Märchen von Hänsel

und Gretel. Bauerländer ist die böse Hexe und wir die
Kinder, die an dem Lebkuchenhaus geknabbert haben.

Ich hole mein Handy heraus, um über meinen Kanal
einen Hilferuf an meine Fans abzusetzen.
„Hilfe! Ich werde in Köln gefangen gehalten! Das ist
diesmal kein Witz, holt mich raus. Mich und die andern
auch. Euer Idiotenkaiser."
Ich drücke auf „Senden", aber wieder kommt nur
die Meldung: „Ihr Beitrag wird geprüft und später
veröffentlicht."

„Was machst du da?", will Salah wissen.

„Ich sende einen Hilferuf, damit unsere Follower uns hier rausholen", erkläre ich.

„Sehr gute Idee für einen Idiotenkaiser wie dich", lobt mich #Weltenretterin.

Im selben Moment ploppt der Hilferuf auch schon auf meiner Seite auf. Aber es ist nicht der Text, den ich geschrieben habe. Stattdessen steht da: „Supi, supi hier in Köln. Freut euch schon mal auf mein nächstes Filmchen, euer Idiotenkaiser."

Nie, niemals würde ich das Wort „supi" benutzen und „Filmchen" auch nicht, weil das total bescheuert klingt. Irgendwer hat meinen Beitrag manipuliert, und ich weiß auch schon wer.

„Das ist Zensur", ruft #Weltenretterin, die die Meldung auf ihrem Handy auch gelesen hat, und Salah sagt: „Das kann nur Bauerländer gewesen sein."

„Wer soll es denn sonst gewesen sein?", ertönt plötzlich eine Stimme, dann ist ein spöttisches Lachen zu hören.

Salah, #Weltenretterin und ich schauen uns überrascht

um, es ist aber niemand zu sehen. Es braucht eine
Weile, bis ich kapiere, dass die Stimme aus einem der
vielen Kellerräume gekommen sein muss, die hier rechts
und links vom Flur abgehen.
„Wer hat da gerufen?", frage ich laut.

„DIE Chantalhighfive?", fragt Salah, offensichtlich gewaltig beeindruckt.

„Es gibt nur eine einzige Chantalhighfive", erwidert die Stimme. „Oder besser gesagt, es gab nur eine einzige Chantalhighfive."

„Ich bin ... äh ... war ein Riesenfan von dir, also früher", sagt #Weltenretterin.

Das wundert mich jetzt ein bisschen, weil Chantalhighfive auf ihrem Kanal nur so Mode- und Schminktipps gegeben hat. Eigentlich ging es bei ihr die ganze Zeit nur ums Kaufen, Kaufen, Kaufen. Das fanden viele super, auch weil sie dabei so eine richtige Asi-Sprache benutzte und beim Reden immer ein Kaugummi im Mund hatte. Eine Zeit lang war sie die Königin des Internets, und sogar ich habe mir das manchmal angeguckt. Aber dann war ihr Kanal plötzlich weg, und keiner wusste, was geschehen und wohin sie verschwunden war.

Chantalhighfive erzählt uns, wie Bauerländer sie hier in das Hotel gelockt hat und anfangs auch alles super war, weil ihre Followerzahlen noch mal so richtig nach oben gingen. Genau wie Bauerländer es ihr versprochen hatte.

„Aber dann hatte ich keine Lust mehr, immer wie so eine Prolltussi reden zu müssen, und wollte aufhören", erklärt Chantalhighfive. „Da hat er mich hier eingesperrt."

„Warum hast du deine Fans denn nicht um Hilfe gerufen?", will #Weltenretterin wissen. „Die hätten dich doch bestimmt befreit."

„Bauerländer liest jedes Posting, jede Nachricht, einfach alles, was übers Netz aus dem Hotel rausgeht, und wenn es ihm nicht gefällt, ändert er es einfach. Habt ihr doch selbst gerade gemerkt", antwortet sie. „Er hat die völlige Kontrolle, und außerdem hat er damit gedroht, meinen Account zu löschen. Stellt euch das mal vor! Der wollte meinen ACCOUNT LÖSCHEN, so grausam ist der."

Salah, #Weltenretterin und ich bekommen eine Gänsehaut, weil das nun wirklich das Schlimmste ist, was einem Influencer passieren kann.

„Warte, wir holen dich raus", rufe ich.

Chantalhighfive ist offenbar nicht die einzige Influence-
rin, die hier gefangen gehalten wird, weil sie Bauerländers fieses Spiel nicht länger mitmachen wollte.
Salah und ich rütteln an den Türen, aber die sind alle
verschlossen, sodass wir nichts tun können.

„Wir holen Hilfe", verspreche ich.

„Weltenretter-Ehrenwort", ruft #Weltenretterin.

„Aber wie denn?", fragt Salah, als wir drei schon wieder im Aufzug stehen, um uns in unserem Zimmer einen guten Plan auszudenken.

Als wir dort ankommen, liegen ganz viele Pakete auf unseren Betten.

„Wo kommen die denn her?", fragt Salah.

„Vielleicht will Bauerländer, dass du damit noch mal so ein saublödes Paket-Boxing-Video machst", bemerkt #Weltenretterin.

„Das würde ich höchstens mit Bauerländer selbst machen", antworte ich und schaue mir die Pakete genauer an. Die kommen alle von irgendwelchen sauteuren Markenfirmen.

„Wer will sich mit mir boxen? Ich warne dich, ich war mal Bezirksmeister im Halbschwergewicht, und Igor war sogar mal Vize-Europameister."

Erschrocken drehen wir uns um. In der Tür steht Bauerländer und neben ihm ein riesiger Kerl, der uns böse anguckt. Es ist derselbe, der uns nicht rauslassen wollte.

„War nur Spaß", sage ich schnell, weil mir Igor, der Vize-Europameister, mit seinem stechenden Blick echt Angst macht.

„Sie kennen doch Idiotenkaiser, der macht immer schlechte Witze, ständig", sagt Salah, dem es scheinbar genauso geht wie mir.

Nur #Weltenretterin scheint offenbar überhaupt keine Angst zu haben und brüllt: „Sie haben uns hier eingesperrt! Sie sind nichts anderes als ein elender Verbrecher! Sie gehören ins Gefängnis!"

Bauerländer lacht, und auch Igor verzieht seinen Mund zu einem fiesen Grinsen, und wenn jetzt hier irgendwo eine Tür wäre, würde ich da sofort durchgehen. Aber die Tür zum Bad steht offen, und vor der anderen stehen Bauerländer und sein Vize-Europameister.

„Das ist doch alles nur zu eurem Besten, damit euch eure Fans nicht bei der Arbeit stören", erklärt Bauerländer.

„Sag ich doch", ruft Salah erleichtert, der ihm das anscheinend gerne glauben möchte.

#Weltenretterin und ich glauben ihm das nicht.

„Und was ist mit Chantalhighfive und den anderen, die Sie im Keller eingesperrt haben", sage ich.

Bauerländers Gesicht verfinstert sich, und Igor guckt wieder grimmig.

„Ihr wart im Keller?", fragt Bauerländer.

„Idiot", zischt #Weltenretterin.

„Wenn ihr nicht auch dort landen wollt, macht ihr besser, was ich euch sage", droht Bauerländer. „Und denkt dran, ein Klick von mir, und euer Account ist weg, für immer und ewig."

Da ist sie wieder, die Gänsehaut bei der schlimmsten Vorstellung ever: der eigene Kanal gelöscht mitsamt allen Videos und Followern.

„Wir sehen uns in einer Stunde oben im Studio. #Weltenretterin und Idiotenkaiser drehen ihren ersten gemeinsamen Clip, das bringt uns doppelte Likes, und ich kann die Werbung teurer verkaufen", erklärt Bauerländer. „Igor holt euch ab."

Er dreht sich um und geht, dann bleibt er doch noch mal stehen.

„Und schaut mal in die Pakete rein und sucht euch was Hübsches aus, was ihr nachher unauffällig in die Kamera halten könnt, damit ich noch mehr Geld mit euch kleinen Idioten verdiene." Bauerländer lacht und verlässt nun endgültig mit Igor das Zimmer. Kurz darauf hören wir, wie die Tür abgeschlossen wird. Von außen.

„Und was machen wir jetzt?", frage ich, nachdem ich
mich von meinem ersten Schock erholt habe.

„Pakete auspacken", erklärt Salah. „Was sonst? Vielleicht ist ja was drin, was wir gebrauchen können."

Das tun wir dann auch. Es ist ein bisschen wie Weih-
nachten, und sogar #Weltenretterin macht mit und
schimpft dabei die ganze Zeit über Bauerländer.

„Männer wie der sind schuld daran, dass unsere
Welt immer kaputter wird. Die denken immer nur an
Geld, Geld, Geld, denen sind die Umwelt und ihre
Mitmenschen völlig egal. Genau solche Leute jagen
auch Elefanten oder essen Walfleisch. Das sind die Al-
lerschlimmsten, die sollte man alle ... Oh, der Pullover
ist aber hübsch."

Es sind aber nicht nur Pullover, die wir in den Paketen
finden, sondern auch Jacken, Sonnenbrillen, Toilettenpapier, Laptops, Lippenstifte, Spielecontroller, Haargel,
Smartphones, Einhorn-Schwimmtiere und ein ...

„Das ist genau, wonach wir gesucht haben", erkläre ich
zufrieden.

„Was willst du denn damit?", fragt #Weltenretterin.

„Mach es nicht so spannend, du Weihnachtsmann",
sagt Salah.

Aber ich verrate ihnen nichts, und ich gehe auch nicht
durch die Badezimmertür, um hier zu verschwinden.

Obwohl die Gelegenheit günstig wäre. Aber das kann
ich später immer noch machen. Jetzt müssen wir erst
mal Bauerländer erledigen und Chantalhighfive und die
anderen aus dem Keller befreien.

Das haben wir schließlich versprochen.

16
Boxkampf im Studio

Während wir auf Igor warten, liege ich auf dem
Bett und denke an meine Eltern, also meine echten
und die von Leo-Idiotenkaiser. Und an Miriam
denke ich auch, die sitzt ja immer noch in der
Eisdiele vor ihrem Banana-Split und wartet auf
mich.

Salah hockt vor dem Rechner und postet übelste Be-
leidigungen in die Welt hinaus. Obwohl das gar keinen
Sinn macht, weil danach sowieso immer nur derselbe
Satz online geht: „Ich habe euch alle lieb."

#Weltenretterin rüttelt an den Fenstern, aber die
lassen sich nicht öffnen. Wahrscheinlich wegen der
Klimaanlage.

„Geht nicht auf", schimpft sie. „Dabei sind Klimaanla-
gen die reinsten Umweltzerstörer. Die sollte man besser
Klimakilleranlagen nennen."

„Und selbst wenn du das Fenster öffnen könntest,
würde uns das auch nichts nützen", erwidere ich.
„Warum?", fragt sie.
„Weil wir hier im achten Stock sind. Oder kannst du
fliegen?", frage ich zurück.
„Achtung, ich poste jetzt: Bauerländer ist ein Arsch-
Kacke-Idioten-Vollpfosten-Asi", ruft Salah dazwischen.

Kurz darauf ertönt ein PLING, und auf seinem
Display erscheint: „Ich bin Herrn Bauerländer so
unglaublich dankbar für die großartige Chance, die
er uns gibt. Er ist einfach ein
herzensguter Mensch und
selbstloser Wohltäter der
Menschheit."
Salah stößt jetzt Flüche
aus, die ich hier nicht
hinschreiben
darf, weil sie
einfach zu
übel sind.

#Weltenretterin hört gar nicht hin, die hat was anderes entdeckt. Auf dem Schreibtisch liegt eine Packung mit gelben Klebe-Zetteln.

„Damit können wir eine Nachricht ans Fenster schreiben, das bemerkt dann jemand und holt die Polizei", erklärt sie. „Das habe ich mal in einem Video gesehen, da haben sie mit den Dingern auch Nachrichten ans Fenster gepappt. Am besten wir schreiben HELP. Das versteht jeder."

Sofort machen wir uns an die Arbeit, weil das wirklich eine gute Idee ist. Wir kleben die gelben Zettel so neben- und übereinander, dass die vier Buchstaben auf der Scheibe gut zu sehen sind.

Gerade als wir fertig sind, kommt Igor rein. #Weltenretterin, Salah und ich versuchen, uns schnell so vor das Fenster zu stellen, damit er unseren Hilferuf nicht lesen kann. Klappt aber nicht, dazu haben wir das HELP viel zu groß geschrieben.

Igor bemerkt es sofort und fängt laut an zu lachen.

„Was ist denn daran so komisch?", will #Weltenretterin wissen.

„Ihr habt es falsch rum geschrieben", erklärt Igor immer noch lachend. „Wenn man hier im Zimmer steht, liest man HELP, aber von außen nur PLEH!"

Das ist megapeinlich, weil er recht hat. Wenn unten jemand auf der Straße steht, kann er das gar nicht lesen, weil das für den spiegelverkehrt ist.

#Weltenretterin, Salah und ich werden knallrot, während Igor uns befiehlt, ihm zu folgen.

Wir schnappen uns ein paar von den Paketen und fahren mit dem Aufzug in die oberste Etage, da wo das Aufnahmestudio ist, von dem Salah so geschwärmt hat. Bauerländer wartet schon auf uns, und wie immer starrt er auf sein Handy.

„Schon über tausend Kommentare mit Fotos", begrüßt er uns.

„Wovon?", frage ich misstrauisch.

„Ich habe euer süßes PLEH auf dem Kanal von #Weltenretterin online gestellt", erwidert er und grinst. „Dazu habe ich geschrieben, dass PLEH in der Sprache der Eskimo so viel bedeutet wie: Rettet die Erde. Verbunden mit dem Aufruf an deine Follower, PLEH ebenfalls mit Klebezetteln an die Scheiben ihrer Kinderzimmer zu schreiben." Bauerländer hält uns sein Smartphone hin, und tatsächlich sind auf dem Display schon ganz viele PLEHs zu sehen. „Ich habe auch schon mit der Firma gesprochen, die diese

gelben Zettelchen herstellt. Die finden das super
und werden in Kürze kräftig Anzeigen schalten. Gut
gemacht."
#Weltenretterin will etwas sagen. Wahrscheinlich
vehement dagegen protestieren, dass für diese gelben
Zettel ganz viele Bäume gefällt werden müssen. Aber
bevor sie auch nur den Mund aufmachen kann, gebe
ich ihr einen Stoß in die Seite, weil wir nach wie vor in
keiner besonders guten Verhandlungsposition sind. Nicht
solange Vize-Europameister Igor mit seiner Pistole
unter der Jacke direkt hinter uns steht.
Salah hält auch so die Klappe, weil er mit offenem
Mund die Technik bestaunt, die in dem Studio rum-
steht. Es gibt zwei hochmoderne Profikameras, ein
Mischpult für den Ton sowie Unmengen von Schein-
werfern und Mikrofonen.
„Genug geplaudert, meine Bros, lasst uns anfangen."
Bauerländer greift hinter sich und holt zwei Paar
Boxhandschuhe aus einer Kiste. Das eine wirft er mir
zu, das andere #Weltenretterin.
„Was sollen wir denn damit?", fragt sie.

„Das geht doch gar nicht. Mit den Dingern an den Händen können wir keine Blumen pflücken", sage ich. Bauerländer sieht mich lange an, dann entgegnet er: „Ich vergaß, dass du Idiotenkaiser bist. Das mit den Blumen war ein Scherz. Was macht man mit Boxhandschuhen?"

„Boxen?", fragt Salah.

„Bingo", ruft Bauerländer. „Ist ja auch kein Wunder, du bist schließlich sein Manager. Und zur Belohnung darfst du die Kamera halten, wenn #Weltenretterin und Idiotenkaiser gegeneinander antreten. Die Schöne gegen das Biest. Die Kluge gegen den Doofen. Das Gute gegen das Böse."

Bauerländer klingt, als wenn er das wirklich ernst meinen würde. Das macht mir Angst. Noch mehr Angst macht mir, dass #Weltenretterin begonnen hat, ihre Boxhandschuhe anzuziehen.

„Aber wenn wir boxen, können wir doch gar nichts aus den Paketen in die Höhe halten", versuche ich den Wahnsinn zu stoppen. „Dann verdienen Sie doch gar kein Geld."

„Die Handschuhe waren auch in so einem Paket", erwidert Bauerländer unbeeindruckt. „Und außerdem sind die Werbezeiten für euren Kampf sowieso schon alle weg. Die hat so eine Firma für Damenrasierer gekauft."

„Was haben die denn mit Boxen zu tun?", fragt Salah.

„Gar nichts, aber die bezahlen am meisten, und jetzt

fangt endlich an. Und keine krummen Tricks oder geheimen Botschaften. Wir zeichnen das nur auf und senden das später."

Ich ziehe mir die Boxhandschuhe an, und Salah greift sich eine der Kameras. #Weltenretterin kommt zu mir. Wahrscheinlich ist das so eine Fairplay-Geste oder weil sie mir einen ersten Haken versetzen will. Aber das tut sie nicht. Stattdessen flüstert sie mir zu: „Wir tun nur so, und auf mein Kommando schlagen wir zu. Du übernimmst Igor und ich Bauerländer. Gut gegen böse, hat er doch selbst gesagt."

Dafür, dass wir nur so tun, schlägt sie ziemlich fest zu. Ich muss echt aufpassen, dass sie mich nicht umhaut. Zurückschlagen kann ich ja nicht, obwohl Bauerländer und Igor uns von der Seite laut anfeuern. Genauso wie Salah, der hinter der Kamera steht und „Wehr dich!" brüllt. Aber das geht nicht, selbst wenn ich wollte. Denn erstens schlägt man keine Mädchen, und zweitens komme ich gar nicht dazu, weil ich viel zu sehr damit beschäftigt bin, die Haken und Geraden von #Welten-retterin abzuwehren. Sie prügelt auf mich ein, als wäre ich allein daran schuld, dass die Eisbären in der Arktis hungern müssen.

Im Internet würde ich mir so einen Kampf ganz sicher auch angucken, da hat Bauerländer schon recht. Während ich mich gegen die Schläge von #Weltenretterin verteidige, stelle ich mir vor, wie die Klickzahlen in die Höhe schießen, sobald Bauerländer das online stellt. Er und Igor gucken sich unseren Kampf an und sehen ziemlich zufrieden aus. Zumindest Bauerländer. Igor dagegen wirkt, als wenn er schrecklich leiden würde.

Nicht, weil ich so viel Prügel kriege, sondern, weil meine Deckung so schlecht ist.

„Jetzt", flüstert #Weltenretterin mir zu.

Sie dreht sich urplötzlich um und verpasst Bauerländer einen Schlag, der ihn von seinem Sitz auf den Boden schleudert. Ich wende mich Igor zu, der mich überrascht ansieht, hole aus und knalle ihm eine Gerade direkt ans Kinn.

Nichts.

Es passiert gar nichts, außer dass Igor mich mitleidig angrinst, als hätte ich ihn gerade mit einem Wattebällchen beworfen.

Bauerländer kommt schon wieder zu sich und brüllt irgendwas, was ich in der Aufregung nicht verstehe. Salah schreit, während er weiterfilmt, und auch #Weltenretterin ruft etwas. Eigentlich brüllen, schreien und rufen alle. Alle außer Igor und mir. Igor, weil er mich gleich k. o. schlagen wird, und ich, weil ich gleich k. o. geschlagen werde.

Aber dann fällt mir mein Plan von vorhin ein, der viel besser ist als der von #Weltenretterin. Ich streife mir die Handschuhe ab, renne zu den Paketen mit den Werbegeschenken und greife nach einer der vielen Sprühdosen, die da drinnen liegen.

„Was willst du denn jetzt mit Haarspray?", brüllt #Weltenretterin. „Das macht das Ozonloch kaputt."

„Deine Haare sind super", ruft Salah hinter der Kamera. „Deine Gerade ist scheiße."

Aber ich höre ihnen gar nicht zu, sondern richte die Spraydose auf Igor, der mit erhobenen Fäusten auf mich zugelaufen kommt. Als er mich fast erreicht hat, drücke ich oben auf den Knopf und sprühe ihm eine volle Ladung mitten ins Gesicht.

Igor bleibt stehen und fängt sofort an zu schreien:
„Ich bin blind! Ich bin blind!"
Das stimmt aber nicht, weil sich meine Mutter aus
Versehen auch mal Haarspray in die Augen gesprüht
hat und schon nach zwei Tagen wieder sehen konnte.
Bauerländer kriegt auch noch eine Portion ab, und
während er schreit, krame ich in seiner Tasche nach
den Hotelschlüsseln.
„Und jetzt weg hier", rufe ich Salah und #Weltenret-
terin zu.

Wir laufen zur Tür, und ich habe die Klinke schon in der Hand. Lasse sie aber gleich wieder los, weil ich die Sache hier zu Ende bringen möchte. Deswegen bitte ich Salah: „Los, mach du auf!"

Salah sieht mich verwundert an, stellt aber keine Fragen, sondern öffnet die Tür und rennt mit mir und #Weltenretterin nach draußen. Erst jetzt bemerke ich, dass er immer noch die teure Kamera in der Hand hat. Das ist gut, da können wir alles filmen und später online stellen.

Falls wir lebend hier rauskommen.

17
Türen auf und raus

Wir rennen den Flur entlang zum Aufzug. Damit wir schnell in den Keller kommen, um Chantalhighfive und die anderen zu befreien, die dort unten gefangen gehalten werden.

„Na, mach schon", murmele ich ungeduldig, weil der Lift ewig braucht.

„Und ich dachte tatsächlich, du wolltest dir nur die Haare schön machen. Kannst du mir verzeihen?", sagt #Weltenretterin. „Mara-Klarissa."

„Wie Mara-Klarissa?", frage ich verunsichert.

„Du hast mich doch mal nach meinem richtigen Namen gefragt. Ich heiße Mara-Klarissa, aber ich hasse den Namen", antwortet sie, dann wendet sie sich an Salah, der immer noch die Kamera in der Hand hat und alles filmt. „Das mit dem Namen löschst du nachher, verstanden?"

Salah nickt nur. Wahrscheinlich hat er Angst vor ihrem rechten Haken. Sie hat ja immer noch die Boxhandschuhe an.

„Das war übrigens ein klasse Schlag, mit dem du Bauerländer niedergeschlagen hast. Hätte ich dir gar nicht zugetraut", sage ich. „Ich meine nur, weil du sonst immer mehr so auf Frieden stehst."

#Weltenretterin Mara-Klarissa wird ganz rot, aber bevor sie etwas antworten kann, geht die Fahrstuhltür auf. In der Kabine stehen Super-Hyper und Beauty Angel. Sie tragen beide Bademäntel und haben sich Handtücher unter den Arm geklemmt.

„Ist das hier die Etage, in der das Schwimmbad ist?", fragt Super-Hyper, und Beauty Angel hält Salah die Hand vor die Kamera, weil sie nicht im Bademantel gefilmt werden möchte und auch so gut wie keine Schminke im Gesicht hat. Also höchstens nur eine Schicht von zwei oder drei Zentimetern.

„Das ist kein Hotel, das ist ein Gefängnis", korrigiere ich Salah. „Aber jetzt sind wir frei!"
Super-Hyper und Beauty Angel sehen mich verständnislos an.
„Wir haben Bauerländer und seinen Igor außer

Gefecht gesetzt." Ich halte den Schlüsselbund in die Höhe und klimpere damit. „Wir können alle fliehen, aber es muss schnell gehen, bevor das Haarspray nicht mehr wirkt."

„Von welcher Marke war das Spray denn? War das teuer? Kannst du das empfehlen?", fragt Beauty Angel und Super-Hyper sagt: „Warum fliehen? Hier ist es doch super! Super Essen. Super WLAN. Super Zimmer. Und vor allem keine Superfans, die einem auf die Nerven gehen."

Mara-Klarissa und ich sehen uns an. Von den beiden ist keine Hilfe zu erwarten, und wenn sie lieber hierbleiben wollen, ist das ihre Entscheidung. Wir zerren die zwei aus der Kabine in den Flur und springen mit Salah in den Aufzug. Dann drücke ich schnell auf den Kellerknopf, und die Türen gehen zu.

„Hey, sollen wir jetzt etwa über die Treppen zu Fuß zum Schwimmbad laufen?!", brüllt Super-Hyper, und Beauty-Angel schreit. „Das könnt ihr nicht bringen, die Farbe meines Bademantels passt überhaupt nicht zu dem Teppichboden hier."

„Ich kaufe dir ein Ticket fürs Schwimmbad, wenn wir hier draußen sind", sage ich.

„Das ist nicht dasselbe", sagt Salah.

„Du kannst gerne hierbleiben", schlage ich Salah vor.

„Aber dann wirst du niemals die Aufnahmen posten

können, die du von unserem Boxkampf gemacht hast. Das wird Bauerländer nicht zulassen."

Das scheint ihn zu überzeugen, und das ist gut, weil wir jetzt nämlich schon den Keller erreicht haben. Wir laufen den Gang entlang, und ich schließe die Türen auf, um die Gefangenen zu befreien.

„Danke", flüstert Chantalhighfive, als sie aus ihrer Zelle tritt.

Ich werfe einen Blick hinein, und da sieht es ganz anders aus als in den Hotelzimmern in den oberen Etagen. Es gibt nur eine Liege, ein Klo und ein winziges Fenster. Keinen Computer, kein Handy und ganz sicher kein WLAN. Die Zellentür ist von innen mit Blei verkleidet, die lässt ganz bestimmt keine Strahlung durch. Chantalhighfive ist ganz blass, genau wie die anderen. Die sehen alle aus wie Vampire, weil sie schon ewig nicht mehr in der Sonne waren. Die meisten von denen kenne ich nicht, und das kann nur eines bedeuten: Die sind schon so lange hier eingesperrt, dass sie schon lange vor meiner Zeit berühmte Influencer gewesen sein müssen.

„Und jetzt alle raus hier", brülle ich und laufe auf eine Eisentür am Ende des Flurs zu. Die sieht aus, als würde sie ins Freie führen, vielleicht auf einen Hinterhof oder zu den Mülltonnen, was weiß ich, ist auch egal, Hauptsache, wir kommen endlich wieder nach Hause.

Meine einzige Sorge ist, dass ich die Tür öffnen muss, weil Chantalhighfive und die anderen zu schwach dazu sind, Mara-Klarissa immer noch die Boxhandschuhe trägt und Salah die Kamera auf der Schulter hat und die ganze Zeit „Und Action!" brüllt.

Ich würde mich schon noch gerne von den beiden verabschieden, bevor ich von hier zu Miriam in die Eisdiele oder sonst wohin verschwinde. Mara-Klarissa und Salah sind mir nämlich echt ans Herz gewachsen, und meine kurze Karriere als Idiotenkaiser war ja gar nicht so übel, zumindest bis wir in das Horror-Hotel hier eingezogen sind.

Die Tür kommt immer näher, und ich werde mich opfern. Ich werde sie öffnen, damit alle hier rauskommen. Auch auf die Gefahr hin, dass ich hier plötzlich weg bin und nicht mal mehr Tschüss sagen kann.

Es sind höchstens noch drei Meter, als sich mein
Problem von ganz allein löst. Die Tür geht auf, und
Bauerländers Security-Team steht vor uns.
„Zurück, schnell!", ruf Mara-Klarissa, und da drehen
wir um und laufen Richtung Aufzug.

Die Security-Leute sind uns ganz dicht auf den Fersen,
aber in letzter Sekunde gelingt uns allen der Sprung in
die Kabine. Die Aufzugtür schließt sich, und ich höre
Kugeln, die von außen gegen das Metall schlagen.
Schnell drücke ich den Erdgeschoss-Knopf, weil ich
ultrascharf folgere, dass, wenn die Security-Typen jetzt
alle im Keller sind, der Haupteingang unbewacht sein

muss. Der Aufzug ist überfüllt, und es riecht auch nicht besonders gut, weil Chantalhighfive und die anderen in ihren Zellen ja keine Duschen hatten. Mara-Klarissa steht ganz dicht neben mir, und ich greife nach ihrer Hand, um ihr ein bisschen Mut zu machen.

Und mir auch.

Aber ich kriege nur ihren dicken Boxhandschuh zu fassen, und das macht weder Mut, noch ist das besonders romantisch.

Als der Lift stoppt und die Tür aufgeht, stehen Super-Hyper und Beauty Angel wieder in ihren Bademänteln vor uns.

„Fahrt ihr zum Pool?", fragt er, und sie sagt. „Wir finden den verdammten Pool nicht."

Ich schaue auf die Liftanzeige und sehe, dass wir gar nicht im Erdgeschoss, sondern im fünften Stock gelandet sind, weil die beiden den Aufzug angefordert haben. Diesmal ist Mara-Klarissa schneller als ich und drückt mit ihrem Boxhandschuh auf den Türschließknopf, damit wir endlich hier rauskommen.

„War das nicht Chantalhighfive? Das war doch Chantalhighfive! Ich überlebe es nicht! Das war Chantalhighfive, mein Vorbild!", hören wir Beauty-Angel begeistert quieken, als der Lift wieder nach unten rauscht.

Als er erneut hält, springen wir schnell aus der Kabine, weil der Gestank da drinnen kaum noch auszuhalten ist. Diesmal sind wir tatsächlich im Erdgeschoss gelandet, aber wir sind nicht alleine. Bauerländer und Igor warten schon auf uns. Bauerländer trägt eine Gasmaske, um sich vor weiteren Haarspray-Attacken zu schützen. Hinter dem Glas sehe ich sein blaues Auge, da wo ihn die Gerade von #Weltenretterin erwischt hat.
Igor hat eine Sonnenbrille auf der Nase, weil seine Augen von dem Haarspray noch gereizt sind. Ich glaube, er sieht immer noch nichts, weil er seine Pistole nicht auf die Aufzugstür, sondern auf die Wand ihm gegenüber richtet.
„Habt ihr wirklich geglaubt, dass ihr mich austricksen könnt, meine Bros?" Bauerländer lächelt uns an, aber

es ist kein freundliches Lächeln, sondern so ein fieses und gemeines. „Und jetzt Marsch, Marsch, zurück in die Zellen, und für euch drei Idiotenkaiser sind auch noch welche frei."

Bauerländer dreht Igor so, dass die Mündung seiner Pistole jetzt genau auf Mara-Klarissa, Salah und mich zeigt.

„Ich filme", antwortet Salah. „Das hier ist dein Part."
Aber das Einzige, was mir einfällt, ist, meine beiden
Arme in die Höhe zu heben. Mara-Klarissa macht es
genauso, und das sieht ein bisschen komisch aus mit
ihren Boxhandschuhen. Die Internet-Vampire aus dem
Keller folgen unserem Beispiel, weil auch sie einsehen,
dass wir verloren haben.

Ich frage mich, ob ich Miriam und meine Eltern jemals
wiedersehe, oder den Rest meines Lebens in dem
Hotelkeller verbringen werde. Ohne Chance, jemals
wieder eine Tür zu öffnen, um hier verschwinden zu
können.

Das war es dann also.

Aus die Maus.

Ende Gelände.

Vorbei, du Hai.

Schluss ohne Kuss.

Tschö mit ö.

Leb wohl, du Kohl.

In dem Augenblick ertönen draußen auf der Straße
Sirenen. Kurz darauf halten drei Polizeiwagen vor dem

Hotel, und eine Spezialeinheit stürmt durch die Tür und überwältigt Bauerländer und Igor.

„Das sind doch alles meine Kinder! Auf die muss man doch aufpassen. Sagt der Polizei, dass ich immer gut zu euch war", brüllt Bauerländer, als er festgenommen wird.

„Woher wussten die...", weiter komme ich nicht, weil Salah die Kamera von der Schulter nimmt und mir auf die Schulter haut: „Saudumme Frage. Hey, ich bin dein Manager! Auf mich kannst du dich verlassen."

„Wie meinst du das?", fragt Mara-Klarissa.

„Die Kamera hier hat einen direkten Zugang ins Netz, den habe ich eingeschaltet, als Bauerländer mal nicht hingeguckt hat. Wir sind seit einer halben Stunde auf Sendung", erklärt Salah und schaut auf das Kameradisplay. „Und die Klickzahlen sind einfach megagigantisch."

18
Ab nach Hause, aber welches?

Am Abend sitzen wir alle nebeneinander im Flieger:
Salah links, Mara-Klarissa in der Mitte und ich rechts
am Fenster. Das Beste aber ist, dass wir hier oben in
der Luft keinen Empfang haben und keiner von uns auf
sein Handy starrt. Brauchen wir auch nicht, wir können
uns alle drei schon denken, was jetzt grade im Netz los
ist. Seit der Verhaftung von Bauerländer sind Idiotenkaiser und #Weltenretterin die absoluten Internetstars.

Da hat Bauerländer echt nicht zu viel versprochen, als er gesagt hat, dass er uns ganz groß rausbringt. Auch wenn er das höchstwahrscheinlich ganz anders gemeint hatte.

Sogar das Fernsehen und Zeitungen berichten über uns, also so richtige Zeitungen auf Papier wie früher, und das ist gut, da können Leos Eltern nachlesen, was passiert ist. Dann brauche ich es ihnen nicht zu erzählen, bevor ich hier wieder verschwinde. Denn das habe ich vor, sobald wir gelandet sind und ich auf dem Flughafen die erste Tür sehe, die sich nicht automatisch vor meiner Nase öffnet.

Für unseren Rückflug hat die Fluggesellschaft Plätze in der ersten Klasse spendiert. Wahrscheinlich, um mit uns Werbung zu machen. Wir können uns alles bestellen, was wir wollen. Außer Champagner, Bier, Wein und Sekt natürlich. Und Tomatensaft kriegen wir auch keinen, weil uns dieselbe Stewardess bedient wie auf dem Hinflug. Die bereut jetzt bestimmt, dass sie mein Autogramm zerrissen hat. Sie traut sich aber nicht,

nach einem neuen für ihren Sohn zu fragen. Das sehe
ich ihr an.

„Ich muss euch übrigens noch was sagen", sage ich.

„Was denn?", fragt Mara-Klarissa.

„Schon klar, brauchst dich nicht bei mir zu bedanken",
erwidert Salah.

„Ich wollte mich gar nicht bedanken", entgegne ich.

„Danke trotzdem."

„Was wolltest du uns denn dann sagen?", will Mara-
Klarissa wissen.

„Das ist nicht so einfach, ich werde nämlich bald weg sein und trotzdem noch da sein. Also Leo Idiotenkaiser ist dann immer noch da, aber nicht ich, weil ich dann woanders bin", stottere ich rum.

„Aber du bist doch Leo", sagt Mara-Klarissa.

„Ja, schon, aber nicht der, sondern ein anderer Leo woanders. Das hat was mit Türen zu tun", erkläre ich, und während ich mich selbst reden höre, spüre ich, wie verrückt sich das anhört.

„Du bist und bleibst der Idiotenkaiser", sagt Salah.

„Ich habe kein Wort von dem verstanden, was du da gerade gesagt hast."

In dem Augenblick kommt die Stewardess mit unserem Essen, und das sieht ziemlich gut aus. Salah interessiert sich nicht mehr für mich, sondern nur noch für seinen Teller. Aber Mara-Klarissa guckt mich die ganze Zeit so komisch von der Seite an. So als hätte sie tatsächliche eine vage Ahnung von dem, was ich gerade versucht habe, ihr zu erklären. Vielleicht versteht sie jetzt, warum ich in echt ganz anders bin als in den dämlichen Videos von Idiotenkaiser.

„Du musst hier übrigens noch unterschreiben fürs Essen." Die Stewardess hält mir eine Serviette und einen Stift hin.

Das ist natürlich nur ein Trick, um an ein neues Autogramm von mir zu kommen. Das durchschaue ich sofort, unterschreibe aber trotzdem, weil ich nett bin.

„Soll ich auch?", fragt Salah.

„Danke, nicht nötig", antwortet die Stewardess und reicht die Serviette an Mara-Klarissa weiter. „Aber du bitte gerne."

„Kein Problem", sagt sie und unterschreibt mit #Weltenretterin.

„Wieso fliegst du eigentlich? Ich meine, das ist doch total schlecht für die Umwelt", frage ich, als Salah beleidigt ein Paar Kopfhörer aufgesetzt hat und die Stewardess mit der Serviette und unseren Unterschriften glücklich wieder verschwunden ist.

„Stimmt, aber ich konnte euch zwei Idioten ja nicht alleine fliegen lassen", antwortet sie. „Sonst richtet ihr hier oben wieder so ein Tomatensaft-Massaker an.

Einer muss ja auf euch aufpassen, vor allem auf dich, du Idiotenkaiser."

Mir wird ganz warm ums Herz, weil ich sie auch mag. Und gleichzeitig tut sie mir leid, weil sie es schon sehr bald mit dem richtigen Idiotenkaiser zu tun haben wird und der ist nicht so nett wie ich, da bin ich mir ziemlich sicher. Der ist schließlich Bayern-Fan.

Den Rest des Fluges reden wir nicht mehr viel. Ich schaue aus dem Fenster, und irgendwann greift Mara-Klarissa nach meiner Hand, die auf der Armlehne liegt, und ich ziehe sie nicht zurück.

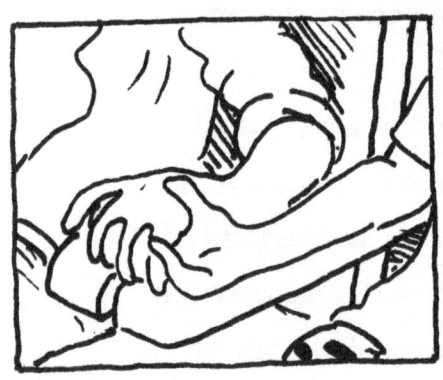

Weil sie clever ist, legt Mara-Klarissa das aufgeschlagene Bordmagazin über unsere Hände, sodass Salah das nicht sehen und keine blöden Kommentare machen kann. Dann landen wir auch schon wieder, weil der Flug von Köln nach Berlin ja nur knapp eine Stunde dauert. Diesmal wünscht die Stewardess zum Abschied auch mir einen guten Tag, und das nehme ich einfach mal als gutes Omen für die bevorstehende Rückreise in mein normales Leben.

Ich schaue mich nach Türen um, aber alle gehen automatisch auf, als ich mich ihnen nähere. Sogar die Toilettentüren sind offen, weil da gerade ein Reinigungs- trupp drinnen ist, und ins Damenklo traue ich mich nicht. Was, wenn es mit der Tür-Reise nicht klappt? Dann ist das Geschrei groß, wenn ich da plötzlich zwi- schen den ganzen Frauen in der Damentoilette stehe. Lieber noch ein bisschen abwarten und gucken, ob sich nicht noch eine andere Gelegenheit bietet.
Tut es aber nicht.
Bis zum Ausgang taucht nicht eine einzige verdammte Tür mehr auf, zumindest keine, durch die ich verschwin- den könnte. Und dann stehen da auch schon Leos

Eltern, die mich abholen wollen. Die von Salah und Mara-Klarissa sind auch da, und es gibt ein großes Hallo, weil wir wieder da sind und uns nichts passiert ist.

Meine Eltern – also die von Idiotenkaiser – können gar nicht mehr aufhören,

mich zu umarmen und zu knuddeln und zu küssen. Salah und Mara-Klarissa geht es auch nicht viel besser.

„Bis morgen", ruft Salah mir zu, als seine Eltern mit ihm loswollen.

„Bis morgen", rufe ich, obwohl ich weiß, dass das gelogen ist.

„Bis morgen", sagt auch Mara-Klarissa.

„Bis morgen", flüstere ich, und bei ihr fühlt sich das
noch viel schlimmer an.

Meine Eltern bringen mich zum Wagen, und weil sie so
froh sind, dass ich wieder da bin, halten sie mir beim
Einsteigen sogar die Tür auf. Unterwegs muss ich ihnen
genau erzählen, was passiert ist, obwohl das ja alles
schon in den Nachrichten gelaufen ist. Aber sie wollen
es von mir hören, und den Gefallen tu ich ihnen gerne,
weil es das Letzte sein wird, was ich für sie tun kann.
„Dieser Bauerländer hat unser Vertrauen ausgenutzt",
schimpft meine Mutter, als ich mit dem Erzählen fertig
bin, aber mein Vater beschwichtigt: „Vielleicht hatte er
eine schlimme Kindheit."
„Ja, wahrscheinlich hast du recht, der Arme", sagt
meine Mutter und seufzt.
Die beiden sind so furchtbar lieb und einfach viel zu gut
für diese Welt. Es tut mir fast schon leid, dass ich sie
gleich verlassen werde und sie dann ihren alten Idioten-
kaisersohn wiederkriegen.

An einer roten Ampel greife ich nach dem Türgriff, um aus dem Wagen zu springen und endlich wieder nach Hause zu kommen.

Leider hat die Wagentür eine Kindersicherung. Das hätte ich mir bei Leos Eltern eigentlich denken können. Deswegen bleibt mir nichts anderes übrig, als sitzen zu bleiben, bis mein Vater vor dem Haus einen Parkplatz gefunden hat. Meine Mutter lässt mich raus, und auch an der Haustür ist mein Vater schneller als ich und öffnet sie für mich. An der Wohnungstür ist es dasselbe, und meine Mutter macht mir sogar die Tür zu meinem Zimmer auf.

„In einer halben Stunde gibt es Abendessen", ruft mein Vater im Flur. „Solange kannst du dich ein bisschen ausruhen."

Ich schaue mich in Leos rot-weißem Zimmer um und suche nach einem Blatt Papier und einem Stift, weil ich Idiotenkaiser eine Nachricht hinterlassen möchte. Aber ich finde weder das eine noch das andere, und darum fahre ich den Rechner hoch und schaue kurz auf seiner Seite vorbei. Genau wie Salah gesagt hat, sind die Klickzahlen dort einfach megagigantisch.

Ich setze mich an den Schreibtisch und tippe eine Nachricht an Idiotenkaiser: „Such dir einen vernünftigen Lieblingsverein und sei nett zu deinen Eltern und zu #Weltenretterin, die mögen dich. Leo."

Dann schnappe ich mir das Mikro und schalte die Webcam ein.

HALLO, HIER IST IDIOTENKAISER ...

„... einige von euch kennen mich, und ich weiß,
ich habe in der Vergangenheit viel Mist gebaut.
Das war manchmal lustig, meistens nicht. Aber ab
heute wird hier alles anders. #Weltenretterin und
ich werden gemeinsam mit euch die Welt retten.
Idiotenkaiserehrenwort."
Das ist mein Vermächtnis an Idiotenkaiser, und ich
hoffe, er hält sich an mein Versprechen.
Ich stehe auf und gehe zur Tür, um endlich mit Miriam
Eis essen gehen zu können.

240

Ich greife nach der Klinke, drücke sie runter, schließe die Augen, gehe durch die Tür und ...

... stehe im Flur.

Das ist mal wieder typisch. Immer wenn man es braucht, funktioniert es nicht. Ich probiere dann auch die anderen Türen aus, doch erst als ich die Badezimmertür öffne ...

19
Zwei Banana-Split, bitte

Der Eisbär sieht nicht mehr ganz so mager aus wie damals, als ich ihm das erste Mal begegnet bin, und das kann eigentlich nur zwei Dinge bedeuten:

1) Die Wissenschaftler, die hier arbeiten, haben ihn gefüttert, oder

242

2) der Eisbär hat die Wissenschaftler gefuttert.

Ich taste hinter meinem Rücken nach der Tür des
Containers und lasse den Eisbären dabei nicht aus den
Augen. Er mich auch nicht, weil er offenbar immer
noch Hunger hat.
„Braver Bär, braver, braver Bär", flüstere ich beru-
higend auf ihn ein. „Hast du Hunger? Nein, du hast
keinen Hunger. Ganz sicher hast du keinen Hunger."
Ich habe den Türgriff in der Hand, aber die Tür
klemmt, und der Eisbär kommt immer näher. Ich werfe
mich mit dem Rücken dagegen. Die Tür öffnet sich, und
ich taumele nach hinten. Noch im Fallen höre ich die
beiden Wissenschaftler rufen: „Schneeflocke, es ist noch
viel zu früh für dein Happihappi", sagt der eine, und der
andere sagt: „Das ist nicht Schneeflocke. Das ist dieser
Inuitjunge, der seine stinkenden Felle hier vergessen hat."

Dann bin ich auch schon wieder weg und liege auf
dem Boden des Klassenzimmers, in dem vorhin noch
die Lateinarbeit geschrieben wurde. Ich stehe auf und

bemerke erst jetzt, dass die Schüler alle weg sind und nur noch die Lehrerin da ist. Sie sitzt an ihrem Pult und hat den Kopf auf ihre Arme gelegt.

„Geht es Ihnen nicht gut? Kann ich Ihnen irgendwie helfen?", frage ich, weil sie mir trotz allem leidtut. „Tut Ihnen was weh?"

Langsam, ganz langsam, fast wie in Zeitlupe, hebt sie ihren Kopf, aber es dauert einen Moment, bevor sie mich wiedererkennt. Sie wischt sich Tränen aus den Augen und starrt mich wütend an.

„Du?! Du Lausebengel wagst es, hier noch mal aufzutauchen? Du hast sie alle gegen mich aufgewiegelt."

„So würde ich das nicht nennen", verteidige ich mich. „Ich fand das nur mit den Schlägen nicht so gut."

Sie greift nach dem halben Stock, der neben ihr auf dem Pult liegt, steht auf und kommt mit langsamen Schritten auf mich zu.

„Und jetzt sind sie alle weg. Gegangen. Einfach so. Dreißig Jahre bin ich Lehrerin, dreißig Jahre haben die Kinder vor mir gezittert. Und nun? Sie haben nicht mal um Erlaubnis gefragt, die Klasse zu verlassen.

Aber das wirst du mir büßen", droht sie mir. „Jawohl, das wirst du!"

„Das glaube ich eher nicht", erwidere ich. „Ich bin dann nämlich auch mal weg, gucken, was die anderen so machen."

Die Lehrerin läuft auf mich zu, doch bevor sie mich erreicht, reiße ich – ohne um Erlaubnis zu fragen – die Tür hinter mir auf und ...

Es ist die Eisdiele, in der ich mit Miriam verabredet bin. Sie sitzt an ihrem Tisch und hat mich noch gar nicht bemerkt, weil sie auf ihr Handy schaut und dort wahrscheinlich irgendwelche Nachrichten checkt. Dafür bemerkt mich der Kellner, mit dem ich vor einer gefühlten Ewigkeit zusammengestoßen bin und der immer noch auf dem Boden kniet und dort die Reste der vier Erdbeer-Eisbecher aufwischt.

„Erst so eine Sauerei veranstalten, dich dann verpissen und jetzt hier wieder auftauchen, als wenn nichts gewesen wäre", schimpft er.

Das Schimpfen lässt Miriam von ihrem Handy aufblicken, und für einen Moment huscht ein Lächeln über ihr Gesicht, als sie mich sieht. Aber nur kurz, dann wird sie ganz ernst, steht auf und kommt zu uns.

„Das hat Leo doch nicht absichtlich gemacht", verteidigt sie mich. „Wer wirft schon freiwillig Eis auf den Boden, anstatt es zu essen."

Das klingt irgendwie logisch, und das sieht auch der Kellner ein. Wir helfen ihm beim Saubermachen, und das stimmt ihn noch etwas milder. Als wir fertig sind bestellt Miriam zwei Banana-Split-Becher und geht mit mir zurück an ihren Tisch.

„Du bist zu spät."

„Echt?", frage ich überrascht, weil normalerweise keine Zeit vergeht, wenn ich auf einer Tür-Reise unterwegs bin. Also zumindest nicht dort, wo ich eigentlich hingehöre.

„Ja, zwei Minuten. Aber nur weil du vorhin wieder abgehauen bist", sagte Miriam. „Das kann doch jedem passieren, dass er mal was umwirft. Wo warst du überhaupt?"

Das zu erklären, würde viel zu lange dauern, deswegen murmele ich „Nur noch mal kurz draußen", und das ist zumindest nicht total gelogen.

„Ich war auch ziemlich aufgeregt vor unserem Treffen", gesteht Miriam. „Das ist schließlich mein erstes Date."

„Meines auch", erwidere ich.

„Du hattest noch nie eine Freundin?", fragt Miriam. Ich schüttele den Kopf, weil das mit #Weltenretterin nicht zählt, finde ich. Okay, wir haben im Flieger

Händchen gehalten, aber das war total harmlos.
Und außerdem mochte ich Mara-Klarissa ja auch
nur so gerne, weil sie mich trotz ihrer Dreadlocks die
ganze Zeit an Miriam erinnert hat. Also habe ich
eigentlich gar nicht mit #Weltenretterin Händchen
gehalten, sondern mit Miriam. Aber das weiß sie
natürlich nicht, und ich werde den Teufel tun, es ihr zu
sagen.

„Ich auch nicht", sagt Miriam.

„Nein, keinen Freund." Miriam lacht, und ich würde jetzt gern nach ihrer Hand greifen, die auf dem Tisch liegt. Aber genau in dem Moment kommt der Keller mit unseren Eisbechern, und die Chance ist vorbei, weil Miriam nach ihrem Löffel greift.

Ich habe gar keinen Hunger. Ich habe ja vorhin im Flieger schon gegessen, aber das macht nichts, weil Miriam meinen Becher auch noch isst, bevor das Eis schmilzt. Ich finde das gut, besser jedenfalls, als wenn sie sich die ganze Zeit Sorgen machen würde, ob sie zu dick war, ist oder wird.

Danach reden wir. Lange, sehr lange, und das ist richtig gut, weil wir uns so viel zu erzählen haben über unsere Hobbys, unsere Freunde, unsere Eltern, einfach über alles bis auf eines. Ich verrate ihr aber nichts von meinem Türproblem, dazu ist es noch zu früh. Vielleicht sage ich es ihr später mal, wenn wir uns besser kennen. Aber jetzt habe ich viel zu viel Angst davor, dass sie mich für total verrückt hält, und welches Mädchen möchte schon einen Verrückten als Freund haben? Ich wette nicht mal ein Supermädchen wie Miriam.

„Mit dir kann man sich echt gut unterhalten", sagt
Miriam, und das freut mich natürlich. Das mit der
Freude ist aber schnell wieder vorbei, weil sie noch
nicht fertig ist. „Bei dir habe ich irgendwie das Gefühl,
dass wir gar keine Geheimnisse voreinander haben."

Bumms, Treffer versenkt!
Ich werde es ihr sagen müssen, was bleibt mir anderes
übrig?

Ich strecke meine Hand nach ihrer aus, die neben den beiden leeren Eisbechern auf dem Tisch liegt, und sage: „Mara-Klarissa, ich muss dir ...“

„Wer ist Mara-Klarissa?“ Miriam zieht ihre Hand zurück.

Verdammt, verdammt, verdammt!

Am liebsten würde ich mir die Zunge abbeißen, weil ich ihre Namen verwechselt habe. Aber weil das nicht geht, fange ich an zu stammeln: „Niemand, das ist mir nur so rausgerutscht, weil ... weil ... weil ich immer so nervös bin, wenn du da bist. Und da habe ich mir halt vorgestellt, dass du wer anderes bist, damit ich nicht mehr so nervös bin, weil ich dir unbedingt etwas ganz Wichtiges erzählen muss.“

Miriams Gesichtszüge entspannen sich wieder, und sie legt auch ihre Hand wieder zurück auf den Tisch.

„Was ist denn so wichtig?“, will Miriam wissen und lächelt mir aufmunternd zu.

„Das ist nicht so leicht zu erklären“, beginne ich und lege meine auf ihre Finger. „Das ist nämlich so, ich habe ein Problem mit ...“

Masud haut mir zur Begrüßung kräftig auf die
Schulter.

Miriam nimmt schnell ihre Finger weg, obwohl Masud
unsere beiden Hände natürlich längst bemerkt hat. Er
grinst, setzt sich zu uns an den Tisch und fragt erst
dann: „Ich störe doch nicht, oder?"

Dabei grinst er noch breiter und winkt den Kellner, um
sich eine Cola zu bestellen.

„Doch, tust du", antworte ich, und Miriam erwidert
gleichzeitig: „Nein, gar nicht."

Es wird dann aber doch noch ein schöner Nachmittag, weil wir auch zu dritt viel Spaß haben und Masud nicht eine einzige doofe Bemerkung wegen des Händchen-haltens macht. Irgendwann holt Masud sein Handy raus und sagt: „Das hier müsst ihr euch unbedingt ansehen!"

„Was denn?", frage ich, und für einen Moment befürchte ich, dass er uns die Videos von Idiotenkaiser oder #Weltenretterin zeigen will. Es ist dann aber doch nur irgendein anderer Internetstar, der irgendwelchen Quatsch vor seiner Webcam macht. Idiotenkaiser gibt es in unserer Welt ja auch gar nicht, der existiert nur in dem Paralleluniversum, aus dem ich gerade komme.

„Das wäre schon cool, wenn wir auch so was machen würden", sagt Masud.

„Das denkst auch nur du", erwidere ich. „So toll ist das gar nicht."

„Woher willst du das wissen?", fragt Miriam.

„Nur so eine Vermutung", nuschele ich, weil jetzt nicht der richtige Moment ist, ihr zu erklären, warum ich das weiß.

Dann ist es auch schon fast sechs, und wir müssen
alle drei nach Hause. Ich bezahle die beiden Eisbecher
und – weil ich nett bin – auch die Cola von Masud.
Zum Dank gibt mir Miriam einen Kuss auf die Wange,
und es ist ihr scheinbar ganz egal, ob Masud das sieht
oder nicht. Masud grinst wieder, hält aber die Klappe
und verzichtet zum Glück darauf, mir zum Dank für die
Cola auch einen Kuss zu geben.

Als wir die Eisdiele verlassen, gehe ich hinter Miriam. Ich weiß, eigentlich müsste ich ihr als Gentleman die Tür aufmachen, aber weil ich ein großzügiges Trinkgeld gegeben habe, erledigt das der Kellner für mich.

Ich habe in nächster Zeit nicht die geringste Absicht irgendeine Klinke anzufassen. Es ist das allererste Mal, dass ich eine Freundin habe, und da werde ich ganz sicher nicht freiwillig in irgendein anderes Paralleluniversum verschwinden.
Ganz großes Idiotenkaiser-Ehrenwort.

Rüdiger Bertram arbeitete nach dem Studium als freier Journalist mit dem Spezialgebiet Filmwirtschaft und absolvierte eine Ausbildung zum Drehbuchautor. Zunächst schrieb er Drehbücher für Sitcoms, heute veröffentlicht er sehr erfolgreich vor allem Kinder- und Jugendbücher.

Heribert Schulmeyer zeichnet, seitdem er zwölf ist, leidenschaftlich gern. Nach seinem Abitur studierte er freie Grafik und Illustration an der Kölner Werkschule. Seitdem hat er schon viele Kinderbücher für deutsche Buchverlage illustriert.